Lesekurs Deutsch

Band 2

장은수 · Hans-Alexander Kneider
김형래 · 서유정 · Kai Köhler
김영옥 · 류용상 · 배기정

HU:iNE

책머리에

"Lesekurs Deutsch"는 한국외국어대학교 독일어과 교수진이 개발한 독해 집중훈련과정이며 총 2권으로 구성되어 있습니다. 이 교재는 대학의 전공강의와 교양외국어, 제 2외국어 강의에 다 사용될 수 있고, FLEX 같은 독일어인증 시험을 준비하는 수험생에게도 좋은 학습서로 활용될 수 있습니다. 이 경우 교재 뒤에 따로 정리해둔 번역모델과 모범답안이 유용하게 쓰일 것입니다.

"Lesekurs Deutsch" 제 2권에는 매우 다양한 종류의 글이 실려 있습니다. 이 책은 여러분을 문학의 세계로, 멀티미디어 테크닉의 미로로, 경제의 세계로, 메카트로닉과 철학, 영화의 세계로 안내할 것입니다.

텍스트의 주제 역시 다채롭습니다. 독일의 학생들은 어떤 기준을 가지고 대학을 선택하는가? 독일의 백화점은 어떤 전략과 경제전망을 보이는가? 안락사를 어떻게 볼 것인가? 그리고 컴퓨터 게임이나 정치적 갈등을 주제로 하는 시사 텍스트도 들어있습니다. 독일 대표작가 베르톨트 브레히트가 쓴 도덕경에 관한 교훈시와 프란츠 카프카의 단편 "포세이돈"은 문학의 재미를 맛보게 해줄 것입니다. 또한 독일에서 가장 주목받은 영화 중 하나인 〈굿바이 레닌〉도 보여드립니다. 물론 영화시나리오와 관련 텍스트를 다루는 것입니다.

이 책에서는 단어를 별도로 외우도록 강요하지 않습니다. 단어는 텍스트 문맥 안에서 익혀야 하기 때문입니다. 우리가 기본적으로 익혀야 할 '학습단어(Lernvokabeln)'는 밑줄을 쳐서 강조해 두었습니다. 추가 설명이 필요한 단어들은 '용어목록(Glossar)'에 그 의미와 용례들을 설명해 두었습니다. 각 과에서 중점적으로 다루어야 할 문법사항은 '문법(Grammatik)'에 정리해 놓았습니다.

외국어 텍스트를 읽는다는 것은 단순히 번역하는 것만을 뜻하지 않습니다. 단순히 글의 내용을 습득하는 데 그치지 않고 읽은 내용을 파악하고 요약할 수 있어야 합니다. 이를 위해 개별 문단의 제목을 찾아보는 과제가 마련되어 있습니다. 각 단락의 제목은 핵심주제를 드러내야 하겠지요. 나아가 이 핵심주제를 다시 짧은 요약문으로 정리하도록 훈련하는 과제가 나옵니다. 이런 과정에서 해당 주제에 대해 함께 의견을 나누며 토론하는 시간도 가질 수 있을 것입니다.

"Lesekurs Deutsch"와 함께 독일어 읽기의 진정한 즐거움을 만끽하시기 바랍니다.

2016년 2월

Lesekurs Deutsch 편집위원회

Einleitung

Das Lehrwerk *Lesekurs Deutsch*, das aus 2 Bänden besteht, führt Sie durch ein intensives Training zum besseren Leseverständnis. Die Texte wurden auf der Grundlage mehrjähriger Unterrichtserfahrungen an der Hankuk University of Foreign Studies (HUFS) ausgewählt und didaktisiert. Ebenfalls geeignet ist dieses Lesebuch zur Vorbereitung auf den FLEX-Test (Foreign Language Examination). Selbstlerner können im Anhang Modellübersetzungen aller Lektionen und Lösungsschlüssel finden.

Lesekurs Deutsch Band 2 stellt Ihnen eine Auswahl von verschiedenen Texten vor. Wieder werden Sie in unterschiedliche Welten entführt, in die Welt der Bildung, in das Labyrinth multimedialer Technik, in die Finanzwelt, in die literarische Welt, in die Mechatronik, in die Philosophie und ins Kino.

Die Texte haben sehr unterschiedliche Themen und geben Antworten auf unterschiedliche Fragen: Nach welchen Kriterien wählen Studierende ihre Universitäten aus? Welche Zukunft haben Kaufhäuser in Deutschland? Mit welchen politischen Mitteln wird eine bessere Umwelt angestrebt? Andere Texte haben Computerspiele und politische Konflikte zum Thema. Durch Bertolt Brechts *Legende von der Entstehung des Buches Tao Te King* und Franz Kafkas *Poseidon* erfahren Sie etwas über deutsche Literatur, und mit *Good Bye, Lenin* möchten wir Ihnen einen sehr erfolgreichen deutschen Film präsentieren. Und so etwas im Lesekurs? Na ja, wir werden Ihnen auch einige Texte anbieten, die den Film vorstellen und besprechen.

Auch im zweiten Band ist es wichtig, dass Sie sich die unterstrichenen Lernvokabeln einprägen. Vokabeln behält man am besten im Zusammenhang eines Themas. Wörter, die Sie vielleicht nicht verstehen und die auch im Wörterbuch nur schwierig oder gar nicht zu finden sind, erklären wir Ihnen in einem **Glossar**. Die **Grammatik** behandelt in jedem Kapitel Strukturen, die beim Lesen eine besondere Rolle spielen.

Einen fremdsprachigen Text zu lesen heißt nicht nur, ihn zu übersetzen. Vielmehr geht es darum, sich mit Inhalten auseinanderzusetzen. Wichtig erscheint uns auch, dass Sie die Inhalte nicht nur lernen, sondern auch verarbeiten, d.h. zusammenfassen und wiedergeben können. Deshalb finden Sie in jeder Lektion die Aufgabe, Überschriften für die einzelnen Abschnitte zu finden. Diese Überschriften sollen den Kerngedanken des jeweiligen Abschnitts enthalten. In einer weiteren Übung sollen Sie dann in der Regel diese Kerngedanken zu einem kleinen Text verbinden, so dass Sie eine gut strukturierte Zusammenfassung erhalten. Diese Zusammenfassungen sind auch Grundlage, um über die Texte im Kurs diskutieren zu können.

Eine fröhliche Lektüre und ein mutiges Diskutieren wünscht Ihnen Ihr *Leserkurs Deutsch* Team.

Seoul im Februar 2016

Redaktion Lesekurs Deutsch

목차

Inhaltsverzeichnis

이 책의 구성 및 활용방법

Inhalt

Familie Kerner führt in Ostberlin ein normales Leben. Vater Robert ist Arzt und Mutter Christiane ist Lehrerin. Sie haben zwei Kinder, Alex, 11, und Ariane, 13. Im Sommer 1978 kehrt Robert von einem Kongress in Westberlin nicht mehr zurück. Die **Stasi** verhört Christiane zur **Republikflucht** ihres Mannes. Zur gleichen Zeit feiert die **DDR** den ersten deutschen **Kosmonauten** im All. Christiane versinkt in einer Depression und muss für einige Wochen in die Psychiatrie. Wieder zu Hause widmet sie sich mit aller Kraft als allein erziehende Mutter ihren beiden Kindern und engagiert sich politisch für den Sozialismus.

Glossar

Lernvokabeln

이 책은 위와 같은 본문에 이어 다음과 같은 학습 내용들로 구성되어 있다.

Lernvokabeln

학습단어: 본문에서 기본적으로 알아두어야 할 어휘들을 활용하여 독일어 문장을 만드는 연습을 한다.

Verstehen und Schreiben

이해와 쓰기: 본문을 구성하는 각 소문단의 제목을 찾아보고, 이 소제목을 이용해 다시 각 문단을 요약해 봄으로써 본문을 정확하고 효과적으로 이해하는데 도움을 준다.

Fragen zum Text

텍스트에 대한 질문: 본문에 대한 다양한 질문을 주관식으로 제시하고 있다. 교수자와 학습자의 토론을 통해 해답을 찾는다면 본문을 이해하는 데 더욱 효과적일 것이다.

Aufgaben

과제: 본문과 관련된 주제를 가지고 교수자와 학습자가 자유롭게 토론할 수 있도록 구성되어 있다. 정답보다는 다양한 의견을 나누는 것이 중요하다. 특히 원어민 교수가 함께 한다면 더욱 효과적일 것이다. (물론 이 과제가 부여되지 않은 과도 있다.)

Übungen

연습문제: 이 문제들은 객관식 문제들로 학습자가 스스로 본문 이해 정도를 테스트해 볼 수 있도록 구성되어 있다. 특히 이 문제들은 한국외국어대학교의 외국어인증시험인 FLEX를 준비하는데 큰 도움이 될 것이다.

Grammatik

문법: 본문을 이해하는 데 핵심적이라고 생각되는 문법 사항을 연습문제를 통해 학습할 수 있도록 구성했다.

Glossar

어휘설명: 본문에 굵은 글씨로 표시된 어휘들을 정리해 놓은 것으로써 어휘의 의미를 원어로 좀 더 구체적으로 설명하고 있다. 이를 통해 독일어 단어만이 가지는 미묘한 뉘앙스를 이해하는 데 많은 도움이 될 것이다.

부록 I: 번역모델

- 각 본문에 대한 번역이 실려 있다. 번역은 가능한 원문의 직역에 충실하면서도 우리말이 어색하지 않도록 하기 위해 의역을 사용하였으므로 본문과 비교하면서 주의 깊게 읽을 필요가 있다.

부록 II: 모범답안

- "Fragen zum Text", "Übungen", "Grammatik"에 대한 해답이 실려 있다.

1 Bildung

Lesekurs Deutsch

1. Bildung

Die richtige Wahl: Wie man sich seine Universität aussucht

Ludwig-Maximilians-Universität München (LMU)

Nicht nur die Wahl des Studienfaches, sondern auch des Studienortes bzw. der Universität, an der man studieren möchte, ist eine der wichtigsten Entscheidungen sowohl für die **Ausbildung** als auch für den späteren Beruf. Diese Entscheidung hängt von verschiedenen Faktoren ab. Eine neue Untersuchung des Centrums für Hochschulentwicklung (CHE) zeigt, dass Deutschlands Studenten von heute wählerischer sind als frühere Studenten. Sie haben mehr Ansprüche an ihren künftigen **Studienplatz** und genauere **Vorstellungen** von der Qualität der Universität und den Inhalten des Studiums.

Sehen wir uns zunächst an, welche Kriterien für Studienanfänger bei der Wahl ihres Studienortes wichtig sind. Hier finden sich zwar immer noch die klassischen Wünsche: Die zwei wichtigsten Gründe für die Wahl eines Studienortes sind für knapp zwei Drittel der Befragten die Nähe zum Heimatort und das "**Hotel Mama**", also die Möglichkeit, zu Hause zu wohnen, um Geld zu sparen. Für manche ist es zudem auch wichtig, an einer kleinen Universität zu studieren, wegen der kurzen Wege und wegen des persönlichen Kontakts zu Dozenten, während andere große Städte und große Universitäten wegen des breiten inhaltlichen und kulturellen Angebotes bevorzugen. Aber neben den klassischen Kriterien werden auch andere Merkmale bei der Auswahl der Universität immer wichtiger: Eine gute **Ausstattung** der Universität erwarten 51% der Befragten, 52% wünschen sich, dass die Universität ihrer Wahl einen guten Ruf hat, vor allem aber soll das Lehrangebot ihren fachlichen Interessen entsprechen.

Kommen wir als nächstes zu der Frage, **wodurch sich** eine gute Universität **auszeichnet**. Was macht eine Universität zu einer guten Uni-

versität? Da ist zum ersten der enge Kontakt zwischen **Dozenten** und Studierenden zu nennen. Darüber hinaus ist die Ausstattung der Universität - wie beispielsweise eine moderne Bibliothek mit ausreichend vorhandener Fachliteratur, ein **Rechenzentrum** mit Computern und Internetzugang sowie moderne Unterrichtsräume - ein wichtiger Aspekt bei der Beurteilung. Auch die Qualität der Forschung und der Lehre, die an den Hochschulen betrieben wird, wird häufig als Auswahlkriterium genannt. Eine gute Universität ist international, sie verlangt von ihren Dozenten und Studenten mehr Leistung, sie bietet aber auch guten Service. Und schließlich spielen der **Praxisbezug** während des Studiums und die Berufschancen nach dem Studium eine wichtige Rolle.

Bei der Auswahl der künftigen Hochschule steigt, so hat es die **erwähnte** Untersuchung gezeigt, für Studienanfänger vor allem die Bedeutung so genannter ***Rankings***. Damit sind Ranglisten gemeint, die Universitäten nach verschiedenen Kriterien beurteilen. Dadurch, dass die Studenten immer wählerischer werden, können sie die Hochschulen

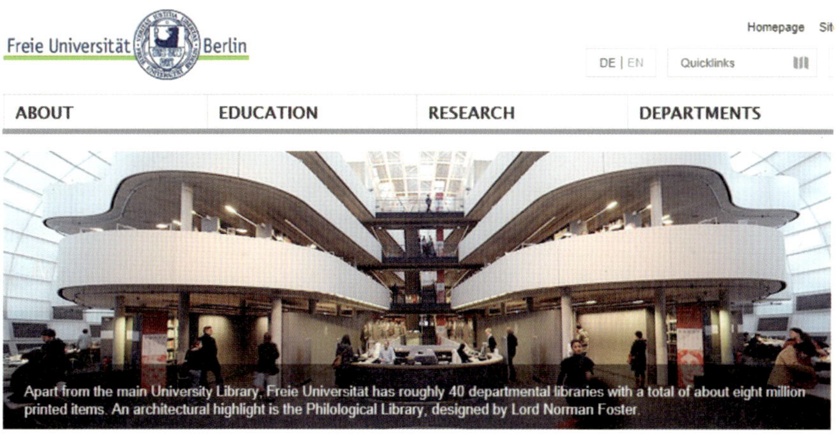

verändern, so lautet das Ergebnis der Untersuchung. Es gibt in Deutschland immer mehr Studienbeginner, die sich ihre Universität bewusst mit Hilfe eines Rankings aussuchen. 50% nutzen die Rankings für ihre Entscheidung, an welcher Hochschule sie studieren wollen. Dadurch nimmt auch die Bedeutung der Rankings für die Hochschulen selbst zu, denn Universitäten bzw. Fachbereiche mit guten Ranking-Ergebnissen werden für Studenten natürlich interessanter und attraktiver.

(Nach: Die Zeit, 19. Mai 2005)

Lernvokabeln

1. Bilden Sie mit jeder unterstrichenen Vokabel zwei Sätze!

Verstehen und Schreiben

1. Finden Sie passende Überschriften zu den einzelnen Abschnitten!
2. Schreiben Sie eine Zusammenfassung und benutzen Sie dabei die von Ihnen gefundenen Überschriften!

Fragen zum Text

1. Welche wichtigen Entscheidungen trifft man vor Beginn des Studiums?
2. Welches sind die beiden häufigsten klassischen Gründe bei der Wahl des Studienortes?

3. Welche Vorteile haben kleine Universitäten?

4. Welche Vorteile haben große Universitäten und Städte?

5. Wodurch zeichnet sich eine gute Universität aus?

6. Sind die folgenden Aussagen richtig (R) oder falsch (F)?

1) Knapp zwei Drittel der befragten Studienanfänger wollen an einer kleinen Universität studieren.

2) Eine gute Universität hat viele Computer und die Dozenten geben gute Noten.

3) Für die Hälfte der Studienbeginner spielen Rankings bei der Wahl ihrer künftigen Universität eine Rolle.

Aufgaben

(Antworten Sie bitte in ganzen Sätzen!)

1. Was sind laut Text zwei wichtige Entscheidungen, wenn man studieren will?

2. Beschreiben Sie in eigenen Worten, inwiefern sich laut Text die Studenten von heute von früheren Studenten unterscheiden!

Übungen

I. Lesen Sie den folgenden Text und beantworten Sie die Fragen dazu!

Nicht nur die Wahl des Studienfaches, sondern auch des Studienortes bzw. der Universität, (a) ______ der man studieren möchte, ist eine der wichtigsten Entscheidungen sowohl für die Ausbildung als auch für den späteren Beruf. Diese Entscheidung hängt (b) ______ verschiedenen Faktoren (c) ______. Eine neue Untersuchung des Centrums für Hochschulentwicklung (CHE) zeigt, dass Deutschlands Studenten von heute wählerischer sind als frühere Studenten. Sie haben mehr Ansprüche (d) ______ ihren künftigen Studienplatz und genauere Vorstellungen von der Qualität der Universität und den Inhalten des Studiums.

1. Welche der folgenden Aussagen entspricht dem Text? ______
   ① Das Angebot der Universität ist vielfältiger als vorher.
   ② Die Verantwortung der Studenten ist höher als vorher.
   ③ Die Ausstattung der Universität ist besser als vorher.
   ④ Die Ansprüche der Studenten sind größer als vorher.

2. Welche Präposition passt in die Lücken (a) und (d)? ______
   ① an ② für ③ von ④ über

3. Welche Wortkombination passt in die Lücken (b) und (c)? ______
   ① ab, von ② an, von ③ von, ab ④ von, an

II. Lesen Sie den folgenden Text und beantworten Sie die Fragen dazu!

Die zwei wichtigsten Gründe für die Wahl eines Studienortes sind für knapp zwei Drittel der Befragten die Nähe zum Heimatort und das (a) "Hotel Mama". Für manche ist es zudem auch wichtig, an einer kleinen Universität zu studieren, wegen der kurzen Wege und wegen des persönlichen Kontakts zu Dozenten, (b) ______ andere große Städte und große Universitäten wegen des breiten inhaltlichen und kulturellen Angebotes bevorzugen. Aber neben den klassischen Kriterien werden auch andere Merkmale bei der Auswahl der Universität immer wichtiger: (c) Eine gute Ausstattung der Universität erwarten 51% der Befragten, 52% wünschen sich, dass die Universität ihrer Wahl einen guten Ruf hat, vor allem aber soll das Lehrangebot ihren fachlichen Interessen entsprechen.

4. Welche der folgenden Aussagen entspricht dem Text? ______

① Bei der Wahl eines Studienortes treffen die Eltern die Entscheidung.

② Die meisten bevorzugen größere Universitäten.

③ In der Großstadt hat man eine breite Auswahl an Universitäten.

④ Für mehr als die Hälfte der Befragten ist der Ruf der Universität wichtig.

5. Welche der folgenden Überschriften passt am besten zum Text? ______

① Kriterien der Universitätswahl ② Hotel Mama

③ Persönliche Kontakte ④ Zwei Gründe

6. Was gehört nicht zu den Kriterien für die Wahl der Universität? ______

① die Nähe zum Heimatort ② das Lehrangebot

③ die Größe der Universtität ④ die Studiengebühren

7. Warum ziehen manche kleinere Universitäten vor? ______

① wegen des engen Kontakts zwischen Dozenten und Studierenden

② wegen des besseren inhaltlichen und kulturellen Angebots

③ wegen ihrer fachlichen Interessen

④ wegen der besseren Ausstattung

8. Was versteht man unter dem Begriff (a)? ______

① in einem Hotel, genannt Mama, zu wohnen

② bei den Eltern zu wohnen

③ in der Nähe von einem Hotel zu wohnen

④ in einem Hotel, das die Mutter besitzt, zu wohnen

9. Welche Konjunktion passt am besten zu (b)? ______

① während ② dass ③ weil ④ insofern

10. Wandeln Sie den Satzteil (c) in eine Passivkonstruktion um!

______________________________.

III. Lesen Sie den folgenden Text und beantworten Sie die Fragen dazu!

Bei der Auswahl der künftigen Hochschule steigt, so hat es die erwähnte Untersuchung gezeigt, für Studienanfänger vor allem die Bedeutung so genannter Rankings. Damit sind (a) ______ gemeint, die Universitäten nach verschiedenen Kriterien beurteilen. Dadurch, (b) dass die Studenten immer wählerischer werden, können sie die Hochschulen verändern, so lautet das Ergebnis der Untersuchung. Es gibt in Deutschland immer mehr Studienbeginner, die sich ihre Universität bewusst mit Hilfe eines Rankings aussuchen. 50% nutzen die Rankings für ihre Entscheidung, an welcher Hochschule sie studieren wollen. Dadurch nimmt auch die Bedeutung der Rankings für die Hochschulen selbst zu, weil Universitäten bzw. Fachbereiche mit guten Ranking-Ergebnissen für Studenten natürlich interessanter und attraktiver werden.

11. Welche der folgenden Aussagen entspricht dem Text?

① Die Bedeutung der Rankings nimmt für die Studienanfänger zu.

② Die Studenten können die Universitäten nicht verändern.

③ Alle Studienbeginner nutzen die Rankings bei der Wahl der Universität.

④ Die meisten Studenten wählen die Universitäten nach verschiedenen Rankings.

12. Welches Wort passt in die Lücke (a) am besten?

① Auswähler ② Ranglisten ③ Prüfer ④ Wettbewerbe

13. Was entspricht der Bedeutung von Satz (b)?

① Die Studenten haben mehr Ansprüche.

② Die Studenten haben mehr Angebote.

③ Die Studenten haben mehr Verantwortung.

④ Die Studenten haben mehr Chancen.

IV. Lesen Sie den folgenden Text und beantworten Sie die Fragen dazu!

Kommen wir als nächstes zu der Frage, wodurch sich eine gute Universität auszeichnet. (a) Was macht eine Universität zu einer guten Universität? (b) Da ist zum ersten der enge Kontakt zwischen Dozenten und Studierenden zu nennen. Darüber hinaus sind (c) die Ausstattung der Universität, nämlich moderne Bibliothek mit (d) ausreichend vorhandener Fachliteratur, ein Rechenzentrum mit Computern und Internetzugang sowie moderne Unterrichtsräume wichtige Aspekte bei der Beurteilung. Auch die Qualität der Forschung und der Lehre, die an den Hochschulen betrieben wird, wird häufig als Auswahlkriterium genannt. Eine gute Universität ist international, sie verlangt von ihren Dozenten und Studenten mehr Leistung, sie bietet aber auch guten Service. Und schließlich spielen der Praxisbezug während des Studiums und die Berufschancen nach dem Studium eine wichtige Rolle.

14. Welche Überschrift passt zum Text? ______

① Die Geschichte der Universität

② Die soziale Rolle der Universität

③ Die internationale Politik der Universität

④ Die Voraussetzungen der traumhaften Universität

15. Wandeln Sie den unterstrichenen Satz (a) ins Passiv um!

Wodurch ____________________________________ ?

16. Wandeln Sie den Satz (b) mit einem Modalverb ins Passiv um!

Da ________ *zum ersten der enge Kontakt zwischen Dozenten und Studierenden* ____________.

17. Was gehört inhaltlich nicht zum unterstrichenen Satzteil (c)?

① Lehrangebot

② Rechenzentrum

③ Bibliothek

④ Unterrichtsräume

18. Was ist nicht synonym zu (d) ausreichend?

① genügend ② hinreichend ③ spärlich ④ genug

Grammatik

1. Wandeln Sie den Relativsatz in ein Partizip-I-Attribut um!

Bsp.: die Kinder, die schlafen → die schlafenden Kinder.

→ *Es gibt in Deutschland immer mehr Studienbeginner, die sich ihre Universität bewusst mit Hilfe eines Rankings aussuchen.*

2. Wandeln Sie den Relativsatz in ein Partizip-II-Attribut um!

Bsp.: die Probleme, die gelöst wurden → die gelösten Probleme.

→ *Auch die Qualität der Forschung, die an den Hochschulen betrieben wird, wird häufig als Kriterium genannt.*

3. Wandeln Sie den Passivsatz in eine Aktivkonstruktion um!

Bsp.: Unser Essverhalten wird durch verschiedene Bereiche beeinflusst.
→ Verschiedene Bereiche beeinflussen unser Essverhalten.

→ *Auch die Qualität der Forschung und der Lehre an den Hochschulen wird häufig als Auswahlkriterium genannt.*

4. Wandeln Sie den folgenden Satz in eine Passivkonstruktion mit einem Modalverb um!

Bsp.: Das Problem ist zu lösen. →
Das Problem muss(kann) gelöst werden.

→ *Da ist zum ersten der enge Kontakt zwischen Dozenten und Studierenden zu nennen.*

5. Der folgende Satz drückt ein kausales Verhältnis aus. Formen Sie den Satz um, behalten Sie aber das kausale Verhältnis bei!

→ *Die Bedeutung der Rankings für die Hochschulen selbst nimmt zu, denn Universitäten bzw. Fachbereiche mit guten Ranking-Ergebnissen werden für Studenten attraktiver.*

6. Verbalisierung: Wandeln Sie den folgenden Satzteil in eine Verbalkonstruktion um!

Bsp.: Durch die Verbesserung des Studienangebots. *→ Indem man das Studienangebot verbessert ...*

→ *Bei der Auswahl der künftigen Hochschule ...*

Glossar

- **Ausbildung, die** – das Vorbereiten eines Menschen auf seinen zukünftigen Beruf
- **Ausstattung, die** – die Instrumente oder Geräte, die in einem Gebäude oder in einem Fahrzeug vorhanden sind = Ausrüstung
- **sich durch etwas auszeichnen** – aufgrund von besonderen Eigenschaften oder Fähigkeiten besser sein als andere
- **Dozent, der** – jemand, der an einer Universität oder Hochschule lehrt (und noch nicht Professor ist)
- **erwähnen** – (in einem bestimmten Zusammenhang) kurz von jm./etwas sprechen oder schreiben
- **Hotel Mama** – hier: das Zuhause
- **Lehrangebot, das** – die Gesamtheit aller Veranstaltungen einer Hochschule für Studierende, wie sie im Vorlesungsverzeichnis aufgeführt ist.
- **Praxisbezug, der** – der vermittelte Inhalt die in der Praxis oder in einer Lebenssituation angewendet werden können.
- **Ranking, das** – die Rangliste / die Bewertung
- **Rechenzentrum, das** – hier: der Ort, an dem sich die zentralen Rechner der Hochschule befinden. Auch Computerarbeitsplätze für die Studierenden kann es hier geben.
- **Studienplatz, der** – Kapazitätsgröße an Hochschulen. (In Deutschland ist die Zahl der Studenten etwa zweimal so groß wie die der offiziell eingerichteten Studienplätze)
- **Vorstellung, die** – hier: das Bild, das man sich in Gedanken von jm./etwas macht (eine deutliche, falsche, genaue, klare, vage Vorstellung)

Lesekurs Deutsch

HOTEL
KÖNIGSHOF
HOTEL HAMMER
93
Stadt Mainz
93

2

Multimedia

Lesekurs Deutsch

2. Multimedia

Gute Spieleentwickler werden gesucht

Geld verdienen mit der **Gamekonsole**: An einer Hochschule in Düsseldorf lernen Studenten, Spiele für den Computer zu entwickeln. Einen Job werden sie leicht finden, denn diese **Branche** wird immer wichtiger.

Falko fliegt mit einem kleinen **Raumschiff** von einem bunten **Planeten** zum nächsten und versucht, seine Feinde zu töten. Gemeinsam mit anderen Studenten hat der 27-Jährige ein Computerspiel entwickelt. Er studiert **Gamedesign**. Während einer Ausbildung zum **Informatiker** hat er entdeckt, dass er lieber etwas **Kreatives** tun möchte, statt Computer zu reparieren. Dann fand er das Studium für Gamedesign und musste nur noch seine Eltern überzeugen. Die konnten sich

darunter nichts Konkretes vorstellen. Sebastian, der mit Falko studiert, berichtet Ähnliches. Wenn er mehrere Stunden mit der Konsole spielt, hat er die Option, das seinen Eltern **als** Lernen zu **verkaufen**.

In Deutschland gibt es wenige Möglichkeiten, **Spieleentwickler** zu werden. Gamedesign kann man an der Mediadesign-Hochschule in Düsseldorf seit 2006 studieren. Aber dieses Studium ist **nicht gerade** günstig: Es kostet **immerhin** 799 Euro pro Monat. Die Studenten lernen Programmieren, die Arbeit mit **Grafik- und Animationsprogrammen** und Figuren für ein Spiel zu entwickeln – erst auf dem Papier, dann als kleine Puppe. Falkos fertige Arbeit steht nun in der Hochschule. Ein etwa 30 Zentimeter hoher Krieger schaut die vorbeikommenden Studenten an.

Ein Job nach dem Studium ist ihnen **so gut wie** sicher. Das bestätigt Professorin Linda Breitlauch. Der Spielbereich wächst in manchen Jahren sogar um 20 Prozent, weiß sie zu berichten. Ihren schlechten **Ruf** haben die Computerspiele in Deutschland trotzdem nicht verloren. Das erleben die Studenten oft, erzählen Falko und Sebastian. Vor allem Gewaltspiele werden immer wieder kritisiert.

(Nach: Top-Thema, www.dw-world.de, 25.03.2008)

Lernvokabeln

1. Bilden Sie mit jeder unterstrichenen Vokabel zwei Sätze!

Verstehen und Schreiben

1. Finden Sie für jeden Abschnitt eine passende Überschrift!

2. Schreiben Sie eine Zusammenfassung und benutzen Sie dabei die von Ihnen gefundenen Überschriften!

Fragen zum Text

1. Warum studiert Falko Gamedesign?

2. Wie haben Falkos Eltern reagiert?

3. Kann man das Studium "Gamedesign" in Deutschland überall studieren?

4. Ist das Studium "Gamedesign" preiswert?

5. Was lernt man unter anderem bei diesem Studium?

6. Welche Spiele werden am meisten kritisiert?

7. Was passt in die Lücken folgender Sätze?

1) Spieleentwickler ____

① reparieren Computer.

② programmieren Spiele für den Computer.

③ verkaufen Computer.

2) Falko hat entdeckt, dass er gerne etwas ____ machen möchte.

① Kreatives

② Ähnliches

③ Konkretes

3) Dass ein Spieleentwickler in Deutschland Arbeit findet, ist ____

① so gut wie sicher.

② nicht gerade wahrscheinlich.

③ immerhin möglich.

Aufgaben

1. Wo und als was wollen Sie später arbeiten?

2. Welche Qualifikationen braucht man für diesen Beruf?

3. Wie können Sie sich darauf vorbereiten?

4. Haben Sie mit Ihren Eltern schon über Ihre Berufswahl diskutiert?

5. Diskutieren Sie: Sind Gewaltspiele gefährlich?

Übungen

I. Lesen Sie den folgenden Text und beantworten Sie die Fragen dazu!

Geld verdienen mit der Gamekonsole: An einer Hochschule in Düsseldorf lernen Studenten, Spiele für den Computer zu entwickeln. Einen Job werden sie leicht finden, denn diese Branche (a) ______________.

Falko fliegt mit einem kleinen Raumschiff von einem bunten Planeten zum nächsten und sucht, seine Feinde zu töten. Gemeinsam mit anderen Studenten hat der 27-Jährige ein Computerspiel entwickelt. Er studiert Gamedesign. Während einer Ausbildung zum Informatiker hat er entdeckt, dass er lieber etwas Kreatives tun möchte, (b) ______ Computer zu reparieren. Dann fand er das Studium für Gamedesign und musste nur noch seine Eltern überzeugen.

(c) Die konnten sich darunter nichts Konkretes vorstellen. Sebastian, der mit Falko studiert, berichtet Ähnliches. Wenn er mehrere Stunden mit der Konsole spielt, hat er die Option, (d) das seinen Eltern als Lernen zu verkaufen.

1. Worum geht es in diesem Text? ______

① Film ② Raumschifffahrt

③ Gamedesign ④ Arbeitslosigkeit

2. Welche der folgenden Aussagen entspricht dem Text?

① Falko und Sebastian sind Kommilitonen.

② Falko ist eigentlich Astronaut von Beruf.

③ Sebastian ist 27 Jahre alt.

④ Sebastian erzählt oft von seinen Eltern.

3. Warum hat Falko sein Studium von Informatik zu Gamedesign gewechselt?

① Weil er konkret arbeiten möchte.

② Weil er leichte Aufgaben haben will.

③ Weil er kreativ arbeiten möchte.

④ Weil ihn seine Eltern überzeugten.

4. Wo kann man Gamedesign studieren?

① an einer Hochschule ② im Internet

③ im Raumschiff ④ an einer Berufsschule

5. Was passt in die Lücke (a)?

① ist nicht mehr zu retten.

② hat ihre Bedeutung verloren.

③ wird immer wichtiger.

④ will weiter sparen.

6. Welche Konjunktion passt in die Lücke (b)?

7. Worauf bezieht sich das unterstrichene Wort (c)?

8. Was entspricht dem Inhalt des unterstrichenen Worts (d)?

① dass er mit der Konsole spielt.

② dass er mit Falko studiert.

③ dass er Computer repariert.

④ dass er Informatik studiert.

9. Setzen Sie das Passende in die Lücke ein!

Ein Informatiker ist ______________.

① ein Computerexperte ② ein Informationsagent

③ ein Raumschiffpilot ④ ein Nachrichtenagent

II. Lesen Sie den folgenden Text und beantworten Sie die Fragen dazu!

(a) In Deutschland gibt es wenige Möglichkeiten, Spieleentwickler zu werden. (b) Gamedesign kann man an der Mediadesign-Hochschule in Düsseldorf seit 2006 studieren. Aber dieses Studium ist nicht gerade günstig: Es kostet immerhin 799 Euro pro Monat. Die Studenten lernen Programmieren, die Arbeit mit Grafik- und Animationsprogrammen und Figuren für ein Spiel zu entwickeln - erst auf dem Papier, dann als kleine Puppe. Falkos fertige Arbeit steht nun in der Hochschule. Ein etwa 30 Zentimeter hoher Krieger schaut die vorbeikommenden (c) ______________ an.

10. Welche Zu-Infinitiv-Konstruktion entspricht dem Satz (a)? ____

① Es war für ihn traurig, sich von seiner Familie zu verabschieden.

② Er geht zur Feier, um zu tanzen.

③ Er hat keine Chance, einen neuen Job zu finden.

④ Die Gefahr ist nicht zu unterschätzen.

11. Wandeln Sie den Satz (b) ins Passiv um!

Gamedesign ____

12. Was passt in die Lücke (c)? ____

① Studenten ② Modedesigner ③ Arbeiter ④ Soldaten

III. Lesen Sie den folgenden Text und beantworten Sie die Fragen dazu!

Ein Job nach dem Studium ist ihnen (a) so gut wie sicher. Das bestätigt Professorin Linda Breitlauch. Der Spielbereich wächst in manchen Jahren sogar (b) ____ 20 Prozent, weiß sie zu berichten. (c) Ihren schlechten Ruf haben die Computerspiele in Deutschland trotzdem nicht verloren. Das erleben die Studenten oft, erzählen Falko und Sebastian. Vor allem Gewaltspiele werden immer wieder kritisiert.

13. Was kann den Satzteil (a) ersetzen? ____

① jedoch ② fast ③ je nach dem ④ immer

14. Setzen Sie eine richtige Präposition in die Lücke (b) ein! ____

15. Wandeln Sie den Satz (c) ins Präteritum um!

Ihren schlechten Ruf ________ *die Computerspiele in Deutschland trotzdem nicht.*

Grammatik

- Schreiben Sie alle Infinitivkonstruktionen mit "zu" auf und bilden Sie je zwei Sätze dazu!

Bsp: lernen, etw. zu tun → Ich lerne, mit dem Computer zu arbeiten.

Glossar

·**(etwas) als etwas verkaufen** – etwas anders darstellen, als es tatsächlich ist; so tun als ob

·**Branche, die** – französisch: der Bereich, hier: der Geschäftsbereich

·**Gamedesign, das** – englisch: die Spieleentwicklung

·**Gamekonsole, die** – das Gerät, das man benötigt, um bei einem Computerspiel die Figur zu bewegen

·**Grafik- und Animationsprogramme** – spezielle Computerprogramme, mit denen man zeichnen oder aus einzelnen Bildern einen Film erstellen kann

·**immerhin** – doch; wenigstens

·**Informatiker, der** – der Computerexperte

·**kreativ** – einfallsreich; phantasievoll

·**nicht gerade** – nicht sehr

·**Planet, der** – ein Himmelskörper, der sich um die Sonne dreht, z.B. Erde, Mars oder Jupiter

·**Raumschiff, das** – ein spezielles Flugzeug, mit dem man z.B. zum Mond fliegen kann

·**Ruf, der** – hier: die verbreitete Meinung über etwas

·**so gut wie** – fast

·**Spieleentwickler, der** – jemand, der sich ein Spiel ausdenkt und programmiert

Lesekurs Deutsch

TOURISTBURO
i-vent
TOURIST
INFORMATION
PENSION
Zimmer
frei

3

Wirtschaft

Lesekurs Deutsch

3. *Wirtschaft*

Ausverkauf der Kaufhäuser

Sind die Zeiten der großen Kaufhäuser vorbei? Auf jeden Fall hat ihre Bedeutung deutlich abgenommen. **Discounter** machen ihnen Konkurrenz. Auch im Internet wird inzwischen mehr Geld verdient.

Der Warenhaus-**Konzern** Arcandor will weiter sparen: Einige **schlecht laufende** Warenhäuser sowie Luxus-Kaufhäuser wie das KaDeWe in Berlin sollen aus dem Gesamt-Konzern **ausgesondert** werden. Ein Verkauf ist nicht **ausgeschlossen**, obwohl das KaDeWe nach wie vor **gutes Geld** verdient. Zwischen 40.000 und 50.000 Besucher zählt das "Kaufhaus des Westens" täglich. In der Zeit vor Weihnachten besuchen manchmal sogar bis zu 180.000 Menschen den Berliner **Konsumtempel**.

Arcandor zielt künftig noch stärker auf die **Mittelschicht**. Experten aber bezweifeln, dass diese Absicht Erfolg hat. Denn nach Ansicht des Konsum-Forschers Ingo Balderjahn von der Universität Potsdam hat sich der Markt in zwei Richtungen entwickelt: in den Discount- sowie in den Luxus-Bereich. Die Lebensmittel-Discounter Aldi oder Lidl zum Beispiel bieten seit Jahren ebenfalls Kleidung, Elektronik-Artikel und Haushaltsgeräte an. Sie **jagen** den Warenhäusern damit Kundschaft **ab**. Diese reagieren allerdings inzwischen und **gestalten** viele ihrer Häuser **um**.

So öffnet bei der "Galeria Kaufhof" in Berlin ein Portier die Türen. Am Eingang wird der Besucher von Düften aus der Parfümerie-Abteilung empfangen. Auch das Waren-**Sortiment** hat sich verändert. Konsum-Forscher Ingo Balderjahn glaubt, dass **sich** einige wenige Luxus-Kaufhäuser wie das "Kaufhaus des Westens" in Zukunft weiter **behaupten** können. Die meisten Kaufhäuser könnten wahrscheinlich aber nur überleben, wenn sie sich auf den Discount-Bereich konzentrieren würden.

(Nach: Karsten Zummack & Beatrice Warken, www.dw-world.de, 15.05.2009)

Lernvokabeln

1. Bilden Sie mit jeder unterstrichenen Vokabel zwei Sätze!

Verstehen und Schreiben

1. Finden Sie für jeden Abschnitt eine passende Überschrift!

2. Schreiben Sie eine Zusammenfassung und benutzen Sie dabei die von Ihnen gefundenen Überschriften!

Fragen zum Text

1. Was ist "Arcandor"?

2. Wofür steht die Abkürzung "KaDeWe"?

3. Was empfiehlt der Konsum-Forscher Ingo Balderjahn?

4. Was passt in die Lücken folgender Sätze?

   1) Warenhäuser in Deutschland sind in den letzten Jahren ________ geworden.

      ① wichtiger

      ② unbedeutender

      ③ berühmter

2) Der Warenhaus-Konzern Arcandor will seine schlecht laufenden Geschäfte ______.

① verkleinern

② für den Verkauf vorbereiten

③ zerstören

3) Discounter sind für Warenhäuser ______.

① eine Konkurrenz

② ein Partner

③ eine Chance

4) Bestimmte Geschäfte können sich auch weiterhin behaupten, wenn ______.

① sie sich auf den Discount-Bereich konzentrieren

② sie der Konkurrenz unterlegen sind

③ sie etwas sagen, was nicht stimmt

Aufgabe

1. Welche Vor-und Nachteile hat das Einkaufen im Internet?

2. Welche Vor-und Nachteile hat das Einkaufen in großen Warenhäsern? Diskutieren Sie gemeinsam und sammeln Sie Argumente.

Übungen

I. Lesen Sie den folgenden Text und beantworten Sie die Fragen dazu!

Sind die Zeiten der großen Kaufhäuser vorbei? (a) ________ hat ihre Bedeutung deutlich abgenommen. Preiswerte Discounter machen ihnen Konkurrenz. Auch im Internet wird inzwischen mehr Geld verdient. Der Warenhaus-Konzern Arcandor will weiter sparen: Einige schlecht laufende Warenhäuser sowie Luxus-Kaufhäuser wie das KaDeWe in Berlin sollen aus dem Gesamt-Konzern (b) aussondern werden. (c) Ein Verkauf ist nicht ausgeschlossen, obwohl das KaDeWe nach wie vor (d) gutes Geld verdient. Zwischen 40.000 und 50.000 Besucher zählt das "Kaufhaus des Westens" täglich. In der Zeit vor Weihnachten besuchen manchmal sogar bis zu 180.000 Menschen (e) den Berliner Konsumtempel.

1. Was passt nicht in die Lücke (a)?

① Trotzdem ② Auf jeden Fall ③ Sicher ④ In der Tat

2. Schreiben Sie (b) in die richtige Form um!

3. Was bedeutet der Satzteil (c)?

① Ein Verkauf ist schon abgemacht.

② Ein Verkauf ist möglich.

③ Ein Verkauf ist notwendig.

④ Ein Verkauf ist nicht erlaubt.

4. Setzen Sie bei (d) ein synonymes Wort ein!

Geld

5. Worauf bezieht sich (e)?

① Auf preiswerte Discounter in Berlin.

② Auf die Berliner Kaufhäuser.

③ Auf das Kaufhaus des Westens.

④ Auf einen Tempel in der Konsumstadt Berlin.

6. Welche der folgenden Aussagen entspricht dem Text?

① Arcandor steht mit KaDeWe in Konkurrenz.

② Das Internet taucht als ein großer Konkurrent der Warenhäuser auf.

③ Das KaDeWe ist zur Zeit eines der schlecht laufenden Warenhäuser.

④ In Berlin gibt es zahlreiche Konsumtempel.

II. Lesen Sie den folgenden Text und beantworten Sie die Fragen dazu!

Arcandor zielt künftig noch stärker auf die Mittelschicht. (a) Experten aber bezweifeln, dass diese Absicht Erfolg hat. Denn nach Ansicht des Konsum-Forschers Ingo Balderjahn von der Universität Potsdam hat sich der Markt in zwei Richtungen entwickelt: in den Discount- sowie in den Luxus-Bereich. Die Lebensmittel-Discounter Aldi oder Lidl zum Beispiel bieten seit Jahren ebenfalls Kleidung, Elektronik-Artikel und Haushaltsgeräte an. Sie jagen den Warenhäusern damit Kundschaft ab. Diese reagieren allerdings inzwischen und gestalten viele ihrer Häuser um.

So öffnet bei der "Galeria Kaufhof" in Berlin ein Portier die Türen. (b) Am Eingang wird der Besucher von Düften aus der Parfümerie-Abteilung empfangen. Auch das Waren-Sortiment hat sich verändert. Konsum-Forscher Ingo Balderjahn glaubt, (c) dass sich einige wenige Luxus-Kaufhäuser wie das "Kaufhaus des Westens" in Zukunft weiter behaupten können. (d) Die meisten Kaufhäuser könnten wahrscheinlich aber nur überleben, wenn sie sich auf den Discount-Bereich konzentrieren würden.

7. Was sind hier (a) Experten?

① Soziologen ② Betriebsberater

③ Konsum-Forscher ④ Politiker

8. Welche der folgenden Aussagen entspricht dem ersten Abschnitt?

① Arcandor wird Erfolg haben, wenn der Konzern in Zukunft auf die Mittelschicht zielt.

② Der Konsum-Forscher Ingo Balderjahn betrachtet die Zukunft der Kaufhäuser positiv.

③ Die Lebensmittel-Discounter nehmen den Warenhäusern die Kunden weg.

④ Nach Ansicht von Ingo Balderjahn soll Arcandor ebenfalls Haushaltsgeräte anbieten.

9. Wie finden die Experten die Absicht von Arcandor? ______

① fragwürdig ② brillant

③ seltsam ④ verzweifelt

10. Schreiben Sie den Satzteil (b) in einen Aktivsatz um!

______

11. Schreiben Sie den Satzteil (c) um!

dass einige wenige Luxus-Kaufhäuser in Zukunft weiter ______ *können.*

12. Wandeln Sie den Satz (d) ins Indikativ um und füllen Sie die Lücken!

Die meisten Kaufhäuser können aber nicht ______*, wenn sie sich* ______ *auf den Discount-Bereich* ______.

Grammatik

1. Wandeln Sie den Text ins Präteritum um!
2. Finden Sie im Text alle untrennbaren Verben und bilden Sie je einen Satz dazu!

______

______

______

Glossar

- **(jm. etwas) abjagen** – jm. etwas wegnehmen
- **ausgeschlossen** – hier: nicht möglich
- **(etwas) aussondern** – einen Teil von etwas herausnehmen
- **Discounter, der** – (aus dem Englischen) ein Geschäft, in dem die Waren immer besonders billig sind
- **gutes Geld** – viel Geld
- **Konsumtempel, der** – (ugs.) ein Geschäft, in dem teure, aber nicht immer notwendige Dinge gekauft werden können
- **Konzern, der** – ein Großunternehmen, das aus mehreren einzelnen Unternehmen besteht, aber zentral geleitet wird
- **(etwas) läuft schlecht** – hier: ein Geschäft hat nicht viele Kunden.
- **Mittelschicht, die** – der Teil der Bevölkerung, der gebildet ist und dem es finanziell gut geht
- **sich behaupten** – hier: weiter existieren, überleben
- **Sortiment, das** – alle Waren, die ein Geschäft anbietet
- **(etwas) umgestalten** – etwas verändern

SCHIFFSAUSFLÜGE
PRIMUS
FRANKFURT/MAIN D

4

Literatur I

Lesekurs Deutsch

4. Literatur I

Poseidon

Poseidon saß an seinem Arbeitstisch und rechnete. Die Verwaltung aller **Gewässer** gab ihm unendliche Arbeit. Er hätte Hilfskräfte haben können, wie viel er wollte, und er hatte auch sehr viele, aber da er sein Amt sehr ernst nahm, **rechnete** er alles noch einmal **durch** und so halfen ihm die Hilfskräfte wenig. Man kann nicht sagen, dass ihn die Arbeit freute, er führte sie eigentlich nur aus, weil sie ihm **auferlegt** war, ja er hatte sich schon oft um fröhlichere Arbeit, wie er sich ausdrückte, beworben, aber immer, wenn man ihm dann verschiedene Vorschläge machte, zeigte es sich, dass ihm doch nichts so **zusagte**, wie sein bisheriges Amt. Es war auch sehr schwer, etwas anderes für ihn zu finden. Man konnte ihm doch unmöglich etwa ein bestimmtes Meer zuweisen; abgesehen davon, dass auch hier die rechnerische Arbeit nicht kleiner, sondern nur **kleinlicher** war, konnte der große Poseidon doch immer nur eine beherrschende Stellung bekommen. Und bot man ihm

eine Stellung außerhalb des Wassers an, wurde ihm schon von der Vorstellung übel, sein göttlicher Atem geriet in Unordnung, sein **eherner Brustkorb** schwankte. Übrigens nahm man seine Beschwerden nicht eigentlich ernst; wenn ein Mächtiger quält, muss man ihm auch in der aussichtslosesten Angelegenheit scheinbar nachzugeben versuchen; an eine wirkliche **Enthebung** Poseidons von seinem Amt dachte niemand, seit Urbeginn war er zum Gott der Meere bestimmt worden und dabei musste es bleiben.

Am meisten ärgerte er sich - und dies verursachte hauptsächlich seine Unzufriedenheit mit dem Amt - wenn er von den Vorstellungen hörte, die man sich von ihm machte, wie er etwa **immerfort** mit dem **Dreizack** durch die Fluten **kutschiere**. Unterdessen saß er hier in der Tiefe des Weltmeeres und rechnete ununterbrochen, hie und da eine Reise zu Jupiter war die einzige Unterbrechung der **Eintönigkeit**, eine Reise übrigens, von der er meistens wütend zurückkehrte. So hatte er die Meere kaum gesehen, nur **flüchtig** beim eiligen Aufstieg zum Olymp, und niemals wirklich durchfahren. Er pflegte zu sagen, er warte damit bis zum Weltuntergang, dann werde sich wohl noch ein stiller Augenblick ergeben, wo er knapp vor dem Ende nach Durchsicht

der letzten Rechnung noch schnell eine kleine Rundfahrt werde machen können.

(Franz Kafka, 1920)

Lernvokabeln

1. Bilden Sie mit jeder unterstrichenen Vokabel zwei Sätze!

Verstehen und Schreiben

1. Finden Sie für jeden Abschnitt eine passende Überschrift!

2. Schreiben Sie eine Zusammenfassung und benutzen Sie dabei die von Ihnen gefundenen Überschriften!

Fragen zum Text

1. Womit ist Poseidon beschäftigt?

2. Macht ihm seine Arbeit Spaß?

3. Worum hat sich Poseidon beworben?

4. Warum hat er seine Stellung als Meeresgott nicht gewechselt?

5. Wie reagiert Poseidon auf das Angebot einer Stellung außerhalb des Meeres?

6. Wie reagiert man bei Beschwerden von Poseidon?

7. Worüber ärgert sich Poseidon am meisten?

8. Warum kennt Poseidon sein eigenes Reich nicht?

9. Wohin reist Poseidon gelegentlich?

10. In welcher Stimmung kehrt Poseidon jedes Mal von seiner Reise zurück?

11. Welchen Plan hat er für die Zukunft?

Aufgaben

1. Korrigieren Sie folgende falsche Aussagen!
   1) Poseidon liegt den ganzen Tag in seinem Bett und schläft.
   2) Poseidon wäre auch mit einem anderen Amt sehr zufrieden.
   3) Andere Götter wollen Poseidon seines Amtes entheben.
   4) Als Gott des Meeres ist Poseidon viel in seinem Reich unterwegs.
   5) Sehr häufig besucht Poseidon Jupiter und den Olymp.

2. Stellen Sie sich vor, Poseidon schreibt am Abend in sein Tagebuch über seine Erlebnisse, Gefühle und Gedanken. Was wird er wohl schreiben? Verfassen Sie einen kurzen Tagebucheintrag Poseidons.

Übungen

I. Lesen Sie den folgenden Text und beantworten Sie die Fragen dazu!

Poseidon saß an seinem Arbeitstisch und rechnete. Die Verwaltung aller Gewässer gab ihm unendliche Arbeit. Er hätte Hilfskräfte haben können, wie viel er wollte, und er hatte auch sehr viele, aber da er sein Amt sehr ernst nahm, rechnete er alles noch einmal durch und so halfen ihm die Hilfskräfte wenig. Man kann nicht sagen, dass ihn die Arbeit freute, er führte sie eigentlich nur aus, weil sie (a) ______ auferlegt war, ja er hatte sich schon oft (b) ______ fröhlichere Arbeit, wie er sich ausdrückte, beworben, aber immer, wenn man ihm dann verschiedene Vorschläge machte, zeigte es sich, dass ihm doch nichts so (c) <u>zusagte,</u> wie sein bisheriges Amt. Es war auch sehr schwer, etwas anderes für ihn zu finden. Man konnte ihm doch unmöglich etwa ein bestimmtes Meer zuweisen; abgesehen davon, dass auch hier die rechnerische Arbeit nicht kleiner, sondern nur kleinlicher war, konnte der große Poseidon doch immer nur eine beherrschende Stellung bekommen.

1. Welche der folgenden Aussagen entspricht dem Text? ______
   ① Poseidon hat wenige Hilfskräfte.
   ② Poseidon ist nicht nur kleiner, sondern auch kleinlicher als die anderen Götter.

③ Poseidon bewirbt sich immer nur um ein bestimmtes Meer, weil er eine beherrschende Stellung bekommen wollte.

④ Es ist seine Pflicht, alle Meere zu verwalten, weil es sein Schicksal ist.

2. Warum können die Hilfskräfte Poseidon nicht helfen?

① Weil er über die Hilfskräfte nicht herrschen kann.

② Weil die Hilfskräfte fröhlichere Arbeit leisten.

③ Weil die Hilfskräfte keine Leistung zeigen.

④ Weil er aufgrund seines Charakters alles selber nachprüfen muss.

3. Setzen Sie die passende Form des Personalpronomens 'er' in die Lücke (a) ein!

① er ② sein ③ ihn ④ ihm

4. Setzen Sie die richtige Präposition in die Lücke (b) ein!

① an ② um ③ durch ④ in

5. Ersetzen Sie das unterstrichene Wort (c) durch ein passendes Wort!

① versprach ② zuschrieb ③ gefiel ④ passierte

II. Lesen Sie den folgenden Text und beantworten Sie die Fragen dazu!

(a) Und bot man ihm eine Stellung außerhalb des Wassers an, wurde ihm schon von der (b) Vorstellung übel, sein göttlicher Atem geriet in Unordnung, sein eherner Brustkorb schwankte. Übrigens nahm man seine Beschwerden nicht eigentlich ernst; wenn ein Mächtiger quält, muss man ihm auch in der aussichtslosesten Angelegenheit scheinbar nachzugeben versuchen; an eine wirkliche Enthebung Poseidons von seinem Amt dachte niemand, seit Urbeginn war er zum Gott der Meere bestimmt worden und dabei musste es bleiben.

6. Formulieren Sie den Satz (a) in einen Konditionalsatz mit einer Konjunktion um!

______________________________.

7. Worauf bezieht sich das Wort (b)? ______

① Darauf, dass andere Götter Poseidon seines Amtes entheben wollen.

② Darauf, dass er den ganzen Tag in seinem Bett liegen muss.

③ Darauf, dass er reisen soll.

④ Darauf, dass er außerhalb der Meere tätig sein soll.

III. Lesen Sie den folgenden Text und beantworten Sie die Fragen dazu!

Am meisten ärgerte er sich - und dies verursachte hauptsächlich seine Unzufriedenheit mit dem Amt - wenn er von den Vorstellungen hörte, die man sich von ihm machte, wie er etwa immerfort mit dem Dreizack durch die Fluten kutschiere. Unterdessen saß er hier in der Tiefe des Weltmeeres und rechnete ununterbrochen, (a) hie und da eine Reise zu Jupiter war die einzige Unterbrechung der (b) Eintönigkeit, eine Reise übrigens, von der er meistens wütend zurückkehrte. So hatte er die Meere kaum gesehen, nur flüchtig beim eiligen Aufstieg zum Olymp, und niemals wirklich durchfahren. Er pflegte zu sagen, er warte damit bis zum Weltuntergang, dann (c) ______ sich wohl noch ein stiller

Augenblick ergeben, wo er knapp vor dem Ende nach Durchsicht der letzten Rechnung noch schnell eine kleine Rundfahrt (d) ______ machen können.

8. Worüber ärgert sich Poseidon am meisten? ______

Er ärgert sich darüber, ____________________.

① lebenslang tief im Meer ununterbrochen rechnen zu müssen

② immer mit dem Dreizack durch die Fluten zu kutschieren

③ dass alle annehmen, er würde immer nur mit dem Dreizack die Meere durchfahren

④ dass er zu häufig zum Olymp reisen muss

9. Ersetzen Sie den Satzteil (a) durch ein anderes Wort! ______

① manchmal ② überall ③ selten ④ tagsüber

10. Welches Wort hat nicht die Bedeutung der Vokabel (b)? ______

① Langeweile ② Monotonie

③ Abwechslungslosigkeit ④ Eile

11. Setzen Sie die passende Form des Verbs 'werden' in die Lücken (c) und (d) ein! ______

① wird ② werdet ③ werde ④ wurde

Grammatik

1. Setzen Sie im folgenden Text Kommas an die richtigen Stellen!

Poseidon saß an seinem Arbeitstisch und rechnete. Die Verwaltung aller Gewässer gab ihm unendliche Arbeit. Er hätte Hilfskräfte haben können wie viel er wollte und er hatte auch sehr viele aber da er sein Amt sehr ernst nahm rechnete er alles noch einmal durch und so halfen ihm die Hilfskräfte wenig. Man kann nicht sagen dass ihn die Arbeit freute er führte sie eigentlich nur aus weil sie ihm auferlegt war ja er hatte sich schon oft um fröhlichere Arbeit wie er sich ausdrückte beworben aber immer wenn man ihm dann verschiedene Vorschläge machte zeigte es sich dass ihm doch nichts so zusagte wie sein bisheriges Amt. Es war auch sehr schwer etwas anderes für ihn zu finden. Man konnte ihm doch unmöglich etwa ein bestimmtes Meer zuweisen; abgesehen davon dass auch hier die rechnerische Arbeit nicht kleiner sondern nur kleinlicher war konnte der große Poseidon doch immer nur eine beherrschende Stellung bekommen. Und bot man ihm eine Stellung außerhalb des Wassers an wurde ihm schon von der Vorstellung übel sein göttlicher Atem geriet in Unordnung sein eherner Brustkorb schwankte.

Zusatzinformation

Franz Kafka (3. 7. 1883 – 3. 6. 1924)

Kafka wurde am 3. Juli 1883 in Prag als Sohn eines wohlhabenden jüdischen Kaufmanns geboren. Er studierte zunächst Germanistik, dann Jura, arbeitete als Jurist und Versicherungsbeamter. Sein Durchbruch als Schriftsteller gelang ihm mit der 1912 erschienenen Erzählung *Das Urteil*. 1917 erkrankte er an Tuberkulose. Er starb am 03.06.1924 im Alter von nur 40 Jahren.

Kafka zählt zu den bedeutendsten Schriftstellern des 20. Jahrhunderts. Grundthema seiner Werke ist die Ohnmacht des Einzelnen gegen allmächtige anonyme Kräfte. Kafkas Werke wurden zum größeren Teil erst nach seinem Tod und gegen seinen erklärten Willen von Max Brod, einem engen Freund und Schriftstellerkollegen, veröffentlicht. Seither zählen sie zum unbestrittenen Kanon der Weltliteratur mit vielfältigen, anhaltenden Wirkungen.

Glossar

·**auferlegen** – eine Arbeit oder eine Pflicht geben

·**Brustkorb, der** – der Teil des Skeletts, der Herz und Lunge umschließt: Beim Einatmen hebt sich der Brustkorb, beim Ausatmen senkt er sich.

·**Dreizack, der** – großer, langer Stab mit drei Zinken

·**durchrechnen** – etwas gründlich, von Anfang bis Ende rechnen (und prüfen)

·**ehern** – eisern, aus Eisen (oder einem anderen Metall) bestehend

·**Eintönigkeit, die** – langweilig sein oder monoton sein, weil es keine Abwechslung gibt.

·**Enthebung, die** – die Absetzung (jn. seines Amtes entheben = jn. absetzen)

·**flüchtig** – oberflächlich, schnell und ohne Konzentration

·**Gewässer, das** – eine (relativ große) natürliche Ansammlung von Wasser, z. B. ein Fluss, ein See oder ein Meer

·**immerfort** – immer, ständig

·**kleinlich** – hier: genau, pedantisch

·**kutschieren** – fahren, reisen

·**Poseidon** – der Gott des Meeres und Bruder von Zeus in der griechischen Mythologie

·**zusagen** – hier: jm. gefallen

63 Mombach
Hapag-Lloyd
Reisebüro

5 Gesellschaft

Lesekurs Deutsch

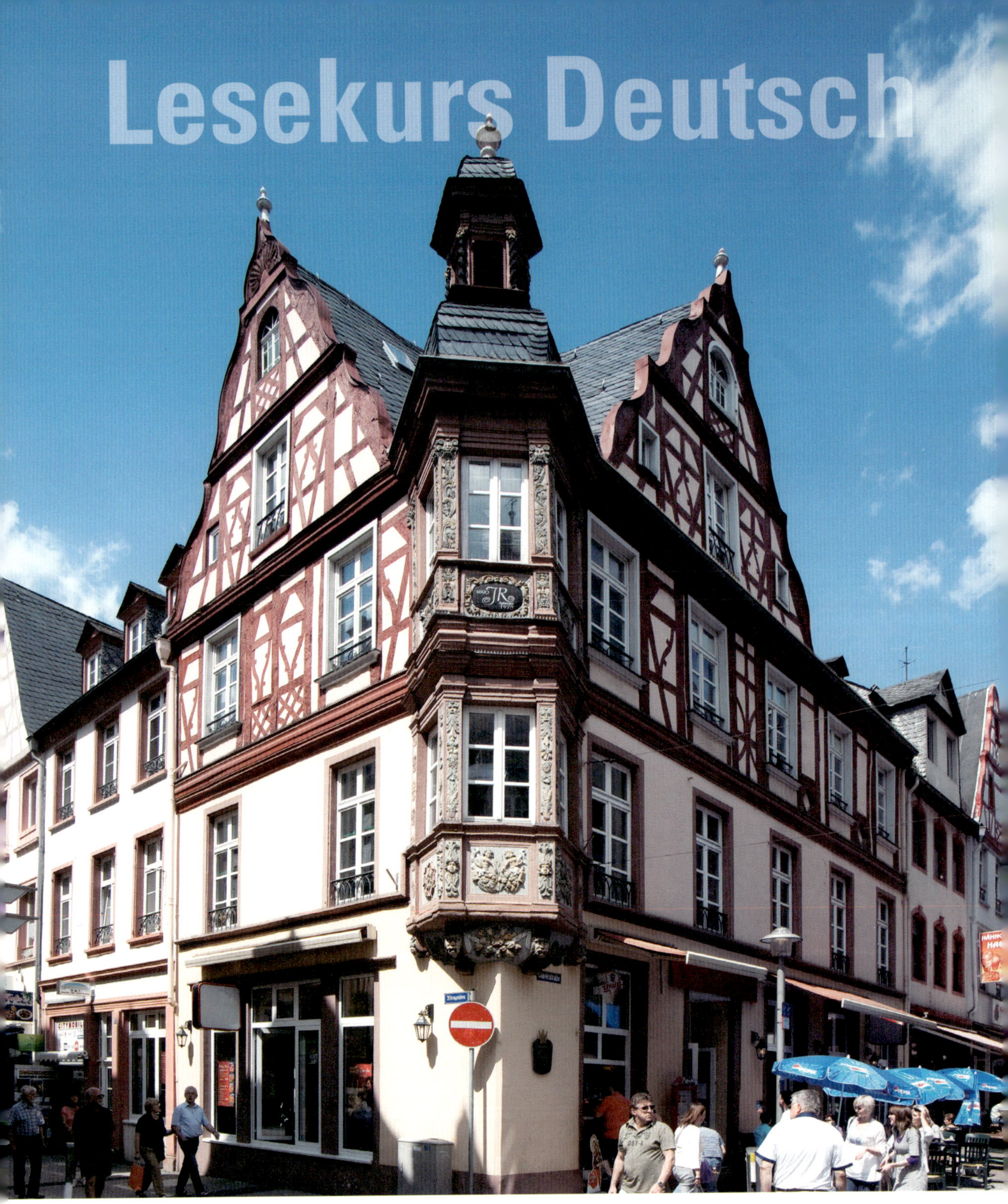

5. Gesellschaft

Eine TV-Dokumentation über den Freitod

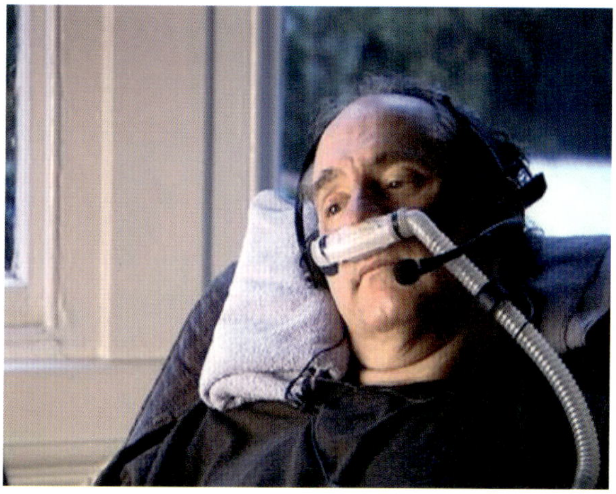

1. Die TV-Dokumentation über den **Freitod** eines schwer kranken 59-jährigen ehemaligen Universitätsprofessors löst Diskussionen aus: **Verwerfliche** Inszenierung oder notwendige Aufklärung?
2. Am Mittwochabend war im britischen Fernsehen der Selbstmord eines schwerkranken Patienten zu sehen. Der 59-jährige ehemalige Universitätsprofessor Craig Ewert litt an einer unheilbaren Nerven- und Muskelkrankheit. Sein Körper war durch die Krankheit fast vollständig **gelähmt**. Eigenständige Atmung war nicht mehr möglich und **künstliche Ernährung** war notwendig geworden.
3. Die letzten Monate seines Lebens hatte er **mit Hilfe** umfangreicher medizinischer Apparatur in einer Klinik der **Sterbehilfe**organisation "Dignitas" in Zürich verbracht. Ende September 2006 nahm Craig Ewert mit Hilfe seiner Frau vor laufender Kamera einen tödlichen

1. Selbstmord im TV!
Bild
Todkranker Professor (59) trinkt Gift-Cocktail vor laufender Kamera

Medikamenten-Cocktail und stellte anschließend mit den Zähnen das Beatmungsgerät ab. Die im britischen Privatsender Sky Real Lives **ausgestrahlte** Dokumentation des Oscar-Preisträgers John Zaritsky hat europaweit eine **kontroverse** Diskussion ausgelöst.

4. Während der britische Premierminister Gordon Brown die Medien zu einem sensiblen Umgang mit dem Thema **aufrief**, verteidigte der Sender die **Ausstrahlung**. Das Thema "Freitod" bei unheilbaren Krankheiten gehe immer Menschen an. Die Dokumentation gebe einen "informativen, gut verständlichen und lehrreichen Einblick in die Entscheidung, die manche Menschen treffen müssen", so eine Sprecherin von Sky Real Lives.

5. In Deutschland kritisierte die **Hospizstiftung** den Film als eine "**verwerfliche** und **voyeuristische** Inszenierung". Die Dokumentation nutze den **Suizid** einer schwerstkranken Person aus. Zudem handele es sich um eine gefährliche Werbung für den Verein "Dignitas", so die Kritik der Deutschen Hospizstiftung, die sich in ihrer Satzung strikt gegen jede Form des "**assoziierten** Suizids und der aktiven Sterbehilfe" ausspricht. Geschäftsführer Eugen Brysch: "Jeder Mensch hat ein Recht auf Sterben. Aber es gibt kein Recht auf Tötung."
6. Deutlich war auch die Kritik des stellvertretenden Vorsitzenden der CDU/CSU- Bundestagsfraktion, Wolfgang Bosbach. Er forderte, die Geschäfte mit Selbsttötungen zu verbieten. Gegen derartige Organisationen müsse rechtlich vorgegangen werden. Der CDU-Politiker kritisierte außerdem, dass es Vereinen wie "Dignitas" um **Profit** gehe.

Bei dieser Dokumentation über den Freitod eines Schwerkranken gehe es darum, **Voyeurismus** zu befriedigen und Werbung für eine sehr umstrittene Organisation zu machen. Zaritskys Film **suggeriere** zudem, dass humanes Sterben nicht anders möglich sei. "Die Angst der Menschen vor einem qualvollen Tod wird ausgenutzt", sagte Bosbach in einem Interview.

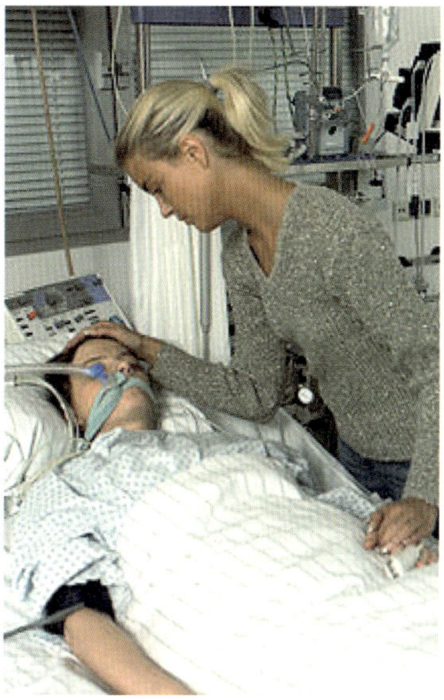

7. Unterstützung bekam Wolfgang Bosbach von Bundesärztekammer-Präsident Jörg-Dietrich Hoppe. Sterbehilfe dürfe nicht als "ideale Handlungsanleitung zum Freitod" inszeniert werden. Dadurch verliere der Sterbende seine Würde. Anstatt dem Menschen durch **Zuwendung** und medizinische Linderung seiner Schmerzen zu helfen, werde die Selbsttötung als der **vermeintlich** leichtere Weg dargestellt.
8. Eine ganz andere Reaktion zeigte die 79 Jahre alte Neuseeländerin Paula Westoby. Sie ließ sich die Worte "Nicht wiederbeleben" auf die Brust **tätowieren**, weil sie keinesfalls als Kranke "**vor sich hin vegetieren** wolle".

(Nach: Matthias von Hellfeld, www.dw-world.de, 11.12.2008)

Lernvokabeln

1. Bilden Sie mit jeder unterstrichenen Vokabel zwei Sätze!

Verstehen und Schreiben

1. Welche Überschrift passt zu welchem Abschnitt?

   Kritik der Bundesärztekammer:

   "Nicht wiederbeleben":

   Ruf nach gesetzlicher Regelung:

   Selbstmord vor laufender Kamera:

   Kritik deutscher Politiker:

2. Fassen Sie den Text zusammen!

Fragen zum Text

1. Welche Angelegenheit machte uns wieder auf das Thema "Freitod" aufmerksam?

   ① eine Inszenierung der Sterbehilfe

   ② die Einführung eines neuen Medikaments

   ③ die Gründung einer Hospizstiftung

2. Wer hat den Selbstmord dokumentiert?

   ① Craig Ewert

   ② Eugen Brysch

   ③ John Zaritsky

3. In welchem Land wurde die Sterbehilfe legalisiert?

① in England

② in Deutschland

③ in der Schweiz

4. Was sei seitens des Senders der Zweck der TV-Dokumentation über den Freitod?

① Aufklärung

② eine kommerzielle Werbung für die Sterbehilfeorganisation

③ rechtliche Regelung für die Sterbehilfe

Aufgaben

1. Gibt es Sterbehilfe in Ihrem Heimatland? Was halten Sie von Sterbehilfe – sind Sie dafür oder dagegen? Versuchen Sie, Ihre Meinung zu begründen.

2. Übersetzen Sie folgende Wörter und Ausdrücke ins Koreanische:

1) das Beatmungsgerät abstellen

2) die Würde verlieren

3) ein Recht auf etwas haben

4) einen Einblick in etwas haben

5) eine Diskussion auslösen

6) eine Werbung für etwas machen

7) die Handlungsanleitung

8) die Linderung der Schmerzen

9) die medizinische Apparatur

Übungen

I. Lesen Sie den folgenden Text und beantworten Sie die Fragen dazu!

Am Mittwochabend war im britischen Fernsehen der Selbstmord eines schwerkranken Patienten zu sehen. Der 59-jährige ehemalige Universitätsprofessor Craig Ewert litt an einer unheilbaren Nerven- und Muskelkrankheit. Sein Körper war durch die Krankheit fast vollständig gelähmt. (a) Eigenständige Atmung war nicht mehr möglich und künstliche Ernährung war notwendig geworden.

Die letzten Monate seines Lebens hatte er mit Hilfe umfangreicher medizinischer Apparatur in einer Klinik der Sterbehilfeorganisation "Dignitas" in Zürich verbracht. Ende September 2006 nahm Craig Ewert mit Hilfe seiner Frau vor laufender Kamera einen tödlichen Medikamenten-Cocktail und stellte anschließend mit den Zähnen das Beatmungsgerät ab. Die im britischen Privatsender Sky Real Lives ausgestrahlte Dokumentation des Oscar-Preisträgers John Zaritsky hat europaweit eine kontroverse Diskussion ausgelöst.

1. Welche Überschrift passt zum Text?
   ① Künstliche Ernährung
   ② Selbstmord vor laufender Kamera
   ③ Nachwirkungen von Medikamenten
   ④ Oscar-Preis-Verleihung 2006 live übertragen

2. In welchem Land hat man keine kontroverse Diskussion über den Tod von Craig Ewert geführt? ______

① In Deutschland ② In England

③ In Mexiko ④ In der Schweiz

3. Verbalisieren Sie den Satz (a)!

Er ______ nicht mehr eigenständig atmen und musste künstlich ______ werden.

II. Lesen Sie den folgenden Text und beantworten Sie die Fragen dazu!

Deutlich war auch die Kritik des stellvertretenden Vorsitzenden der CDU/CSU-Bundestagsfraktion, Wolfgang Bosbach. (a) Er forderte, dass die Geschäfte mit Selbsttötungen verboten werden. Gegen derartige Organisationen müsse rechtlich vorgegangen werden. Der CDU-Politiker kritisierte außerdem, dass es Vereinen wie "Dignitas" (b) ______ Profit gehe. Bei dieser Dokumention über den Freitod eines Schwerkranken gehe es darum, Voyeurismus zu befriedigen und Werbung für eine sehr umstrittene Organisation zu machen. Zaritskys Film suggeriere zudem, dass humanes Sterben nicht anders möglich sei. "Die Angst der Menschen vor einem qualvollen Tod wird ausgenutzt", sagte Bosbach in einem Interview. Unterstützung bekam Wolfgang Bosbach von Bundesärztekammer-Präsident Jörg-Dietrich Hoppe. (c) Sterbehilfe dürfe nicht als ideale Handlungsanleitung zum Freitod inszeniert werden.

4. Welche der folgenden Aussagen entspricht dem Text? ________

① Dignitas ist eine wirtschaftlich florierende Organisation.

② Wolfgang Bosbach unterstützt die Filmkonzeption Zaritskys.

③ Herr Hoppe diskutierte mit Herrn Bosbach über die TV-Werbung.

④ Ohne Sterbehilfe kann nach Wolfgang Bosbach ein schwerkranker Mensch human sterben.

5. Nominalisieren Sie den unterstrichenen Satz (a)!

Seine ________ lautete, dass die Geschäfte mit Selbsttötungen verboten werden.

6. Ergänzen Sie die Lücke (b) mit einer passenden Präposition! ________

7. Wandeln Sie den Satz (c) in direkte Rede um!

"Sterbehilfe ________ nicht als ideale Handlungsanleitung zum Freitod inszeniert werden."

8. Welches Wort passt zur unten beschriebenen Definition? Suchen Sie es in dem oben angeführten Text! ________

> *Das Empfinden oder Verhalten derjenigen, die durch heimliches Zuschauen bei Handlungen anderer Lust empfinden.*

III. Lesen Sie den folgenden Text und beantworten Sie die Fragen dazu!

Jörg-Dietrich Hoppe behauptete, dass die Selbsttötung als der vermeintlich leichtere Weg dargestellt werde, (a) anstatt dem Menschen durch Zuwendung und medizinische Linderung seiner Schmerzen zu helfen. Eine ganz andere Reaktion zeigte die 79 Jahre alte Neuseeländerin Paula Westoby. Sie ließ sich die Worte "Nicht wiederbeleben" auf die Brust (b) ________, weil sie keinesfalls als Kranke vor sich hin vegetieren wolle.

9. Verbalisieren Sie den Satzteil (a)!

anstatt dem Menschen dadurch zu helfen, sich ihm ________ und medizinisch seine Schmerzen zu ________.

10. Ergänzen Sie die Lücke (b) mit einem passenden Verb, das der folgenden Bedeutung entspricht! ________

Durch Einbringen von Farbe in die eingeritzte
Haut ein farbiges Muster oder Bild schaffen.

Grammatik

1. Finden Sie Verbalstrukturen für die folgenden unterstrichenen Nominalstrukturen!
   1) Eigenständige Atmung war nicht mehr möglich und künstliche Ernährung war notwendig geworden.
   2) Während der britische Premierminister Gordon Brown die Medien zu einem sensiblen Umgang mit dem Thema aufrief, verteidigte der Sender die Ausstrahlung.
   3) In Deutschland kritisierte die Hospizstiftung den Film als eine "verwerfliche und voyeuristische Inszenierung".
   4) Unterstützung bekam Wolfgang Bosbach von Bundesärztekammer-Präsident Jörg-Dietrich Hoppe.
   5) Eine ganz andere Reaktion zeigte die 79 Jahre alte Neuseeländerin Paula Westoby.

2. Finden Sie Nominalstrukturen für die folgenden unterstrichenen Verbalstrukturen!
   1) Bei dieser Dokumentation über den Freitod eines Schwerkranken gehe es darum, Voyeurismus zu befriedigen und Werbung für eine sehr umstrittene Organisation zu machen.
   2) Aber es gibt kein Recht, sich selbst oder andere zu töten.
   3) Er forderte, die Geschäfte mit Selbsttötungen zu verbieten.

Glossar

- **angehen** – hier: betreffen
- **assoziiert** – verbunden, verknüpft, in Verbindung gebracht mit etwas
- **aufrufen** – (jn. aufrufen, etwas zu tun) öffentlich auffordern
- **aussprechen** – hier: (sich gegen jn./ etwas aussprechen) ablehnen
- **ausgestrahlt** – hier: gesendet
- **Ausstrahlung, die** – hier: eine Sendung oder Übertragung
- **Freitod, der** – der Selbstmord, der Suizid
- **gelähmt sein** – sich nicht mehr bewegen können
- **Hospizstiftung, die** – die Patientenschutzorganisation für Schwerkranke und Sterbende, gegründet 1995
- **Hospiz, das** – ein Ort, wo Menschen betreut werden können, wenn sie sterben müssen
- **Stiftung, die** – eine Institution, die auf der Spende einer Privatperson beruht. Sie unterstützt Projekte, die dem Zweck der Stiftung entsprechen
- **kontrovers** – umstritten
- **künstlich ernährt werden** – Nahrung z.B. durch einen dünnen Schlauch über die Speiseröhre bekommen
- **mit Hilfe** + Gen./ mit Hilfe von + Dat. – mittels, dank, anhand von, durch
- **Profit, der** – der Gewinn, der Vorteil, der Nutzen
- **Sterbehilfe/Euthanasie, die** – Erleichterung des Sterbens, besonders durch Schmerzlinderung mit Narkotika; das Herbeiführen des Todes bei unheilbar Kranken durch Medikamente oder durch Abbruch der Behandlung
- **suggerieren** – etwas unterstellen, etwas indirekt sagen oder behaupten
- **tätowieren** – durch Einbringen von Farbe in die eingeritzte Haut ein farbiges Muster oder Bild schaffen
- **vermeintlich** – angeblich, sozusagen

Glossar

·**verwerflich** – schlecht, verächtlich, unsittlich, moralisch abzulehnen

·**vor sich hin vegetieren** – allein sein oder leben ohne Freunde, Freude, Kommunikation etc.

·**Voyeurismus, der** – sexuelles Empfinden oder Verhalten der Voyeure, die durch heimliches Zuschauen bei Handlungen anderer Lust empfinden, adj. voyeuristisch

·**Zuwendung, die** – Finanzbeihilfe, liebevolle Aufmerksamkeit

Lesekurs Deutsch

6

Film

Lesekurs Deutsch

6. Film

Good Bye, Lenin!

Inhalt

BR Deutschland 2003

Regie: Wolfgang Becker

Buch: Bernd Lichtenberg, Wolfgang Becker

Familie Kerner führt in Ostberlin ein normales Leben. Vater Robert ist Arzt und Mutter Christiane ist Lehrerin. Sie haben zwei Kinder, Alex, 11, und Ariane, 13. Im Sommer 1978 kehrt Robert von einem Kongress in Westberlin nicht mehr zurück. Die **Stasi** verhört Christiane zur **Republikflucht** ihres Mannes. Zur gleichen Zeit feiert die **DDR** den ersten deutschen **Kosmonauten** im All. Christiane versinkt in einer Depression und muss für einige Wochen in die Psychiatrie. Wieder zu Hause widmet sie sich mit aller Kraft als allein erziehende Mutter ihren beiden Kindern und engagiert sich politisch für den Sozialismus.

1989 feiert die DDR ihren 40. Geburtstag mit einer großen Militärparade. Ariane, 24, hat inzwischen ein Kind. Alex, 22, arbeitet als Fernsehmonteur. Christiane hat eine Einladung zum offiziellen Festakt im **Palast der Republik**. Auf dem Weg dorthin gerät sie in eine Demonstration von **Bürgerrechtlern**, die Reformen verlangen. Auch Alex ist unterwegs und lernt auf der Demo die junge Russin Lara kennen. Zufällig erlebt Christiane, wie Alex von der Polizei festgenommen wird. Sie hat einen **Herzinfarkt** und fällt ins Koma. Alex wird am Morgen freigelassen, um seine Mutter im Krankenhaus zu besuchen.

Der Gesundheitszustand von Christiane bleibt kritisch. Sie bleibt acht Monate lang im Koma und verschläft die **Wende**. Die Mauer fällt, **Honecker** tritt zurück, freie Wahlen finden statt und die beiden deutschen Staaten sind auf dem Weg zur Wiedervereinigung. Ariane gibt ihr Studium auf und arbeitet bei Burger King, wo sie ihren neuen Freund Rainer kennen lernt. Rainer, ein Westdeutscher, zieht bei Ariane ein und richtet die Wohnung im westlichen Stil ein. Alex wird arbeitslos, findet aber eine neue Stelle in einer Westfirma, wo er sich mit seinem Arbeitskollegen Denis anfreundet. Alex trifft Lara wieder, die als Lernschwester im Krankenhaus arbeitet, und verliebt sich in sie. Als er Lara am Krankenbett seiner Mutter zum ersten Mal küsst, wacht Christiane unerwartet auf.

Alex beschließt gegen den Rat des Arztes und trotz der Zweifel von Ariane, die Mutter nach Hause zu nehmen. Um Christiane jede Aufregung zu ersparen, verheimlicht Alex seiner Mutter die veränderte politische Situation und lässt in der 79 Quadratmeter großen Wohnung die DDR-Alltagskultur aufleben. Das geht nicht ohne Schwierigkeiten. Mal fehlen die vertrauten Ostprodukte, mal entdeckt Christiane an der Hauswand gegenüber ein riesiges Coca Cola-Poster, mal geht Christiane alleine auf die Straße und findet sich in einer fremden Welt.

Mit viel Phantasie und Organisation, mit alten Videos und manipulierten Tagesschau-Sendungen gelingt es Alex immer wieder, die **Kontraste** im scheinbar sozialistischen Alltag zu erklären und die Wirklichkeit **umzudeuten** oder neu zu erfinden. Christiane glaubt bis zuletzt an die DDR, die ihr Alex gefiltert präsentiert. Alex hingegen sieht ein, dass das Spiel langsam zu kompliziert wird und beschließt, die Mutter über die wahren politischen Verhältnisse aufzuklären. Ein Ausflug zur Familien-**Datsche** bietet dazu eine günstige Gelegenheit.

Doch Christiane kommt ihm mit einem unerwarteten Geständnis zuvor. Die Flucht des Vaters im Sommer 1978 war geplant und Christiane sollte mit den Kindern nachkommen. Angst und die Sorge um ihre Kinder verhinderten damals eine Ausreise. Am Abend nach dem Ausflug erleidet Christiane einen zweiten Infarkt und muss wieder ins Krankenhaus. Als Ariane in der Küche die alten Briefe Roberts an seine Familie findet, beschließt Alex, seinen Vater in **Wannsee** aufzusuchen. Er bittet ihn, seine ehemalige Frau Christiane im Krankenhaus zu besuchen.

Mit einer letzten selbst produzierten Tagesschau ermöglicht Alex der DDR einen würdigen Abschied und seiner Mutter einen friedlichen Tod. Christiane stirbt drei Tage nach dem Ende der DDR.

Kommentar

Das Thema von "Good Bye, Lenin!" ist der Mauerfall 1989 und die politische Entwicklung der beiden deutschen Staaten bis zur Wiedervereinigung im Oktober 1990. Die **fiktive** Geschichte der Ostberliner Familie Kerner reflektiert die politischen Ereignisse. Der Film zeigt die letzten zwei Jahre der DDR, die Veränderungen im Alltag, das Verschwinden von Werten und Lebenseinstellungen. Die gesellschaftliche Entwicklung führt bei den Protagonisten im Film zu persönlichen Veränderungen. Ironisch zeigt der Film einen möglichen alternativen Verlauf der Geschichte.

(Nach: "Arbeitsmaterialien für den Unterricht" vom Goethe-Institut Mailand; Copyright @ SUSPI – SLM 2004, http://filmrucksack.supsi.ch)

Lernvokabeln

1. Bilden Sie mit jeder unterstrichenen Vokabel zwei Sätze!

Verstehen und Schreiben

1. Finden Sie passende Überschriften zu jedem Abschnitt!
2. Schreiben Sie eine Zusammenfassung und benutzen Sie dabei die von Ihnen erstellten Überschriften!

Fragen zum Text

1. Wer ist die Familie Kerner?
2. Was sind die Folgen von Robert Kerners Flucht nach Westberlin für Christiane?
3. Was geschieht im Jahre 1989?
4. Was machen Ariane und Alex nach der Wende?
5. Was verheimlicht Alex seiner Mutter?
6. Wann will Alex seiner Mutter die Wahrheit sagen?
7. Was gesteht Christiane ihrem Sohn?
8. Wie reagiert Alex auf den zweiten Herzinfarkt seiner Mutter?
9. Sind folgende Aussagen richtig oder falsch? Korrigieren Sie die falschen Aussagen!
   a. Familie Kerner arbeitet für die Stasi.
   b. Ariane flüchtet nach Westberlin.
   c. Christiane erleidet eine Herzattacke.
   d. Alex sitzt im Gefängnis.
   e. Honecker vereint Ost- und West-Deuschland.
   f. Lara macht eine Ausbildung im Hospital.
   g. Alex bringt seiner Mutter Schritt für Schritt die politische Realität bei.
   h. Christiane erholt sich von ihrem Infarkt und zieht zu ihrem Mann nach Wannsee.

Aufgaben

- Wie hätten Sie an Alex´ Stelle gehandelt?

- Stellen Sie sich vor, Alex schreibt einen Eintrag in sein Tagebuch. Was wird er wohl über seine Erlebnisse und Gefühle schreiben?

- Alex sagt im Film "Die DDR, die ich für meine Mutter schuf, wurde immer mehr die DDR, die ich mir vielleicht gewünscht hätte". Was meinst Alex wohl damit?

Übungen

I. Lesen Sie den folgenden Text und beantworten Sie die Fragen dazu! (1-6)

Familie Kerner führt in Ostberlin ein normales Leben. Vater Robert ist Arzt und MutterChristiane ist Lehrerin. Sie haben zwei Kinder, Alex, 11, und Ariane, 13. Im Sommer 1978 kehrt Robert von einem Kongress in Westberlin nicht mehr zurück. Die Stasi verhört Christiane zur Republikflucht ihres Mannes. Zur gleichen Zeit feiert die DDR den ersten deutschen Kosmonauten im All. Christiane versinkt in ① eine Depression und muss für einige Wochen in ② die Psychiatrie. Wieder zu Hause widmet sie sich mit aller Kraft als allein erziehende Mutter ihren beiden Kindern und engagiert sich politisch.

1989 feiert die DDR ihren 40. Geburtstag mit einer grossen Militärparade. Ariane, 24, hat inzwischen ein Kind. Alex, 22, arbeitet als Fernsehmonteur. Christiane hat eine Einladung zum offiziellen Festakt im Palast der Republik. Auf dem Weg dorthin gerät sie in ③ eine Demonstration von (a) Bürgerrechtlern, die Reformen verlangen. Auch Alex ist unterwegs und lernt an der Demo die junge Russin Lara kennen. Zufällig erlebt Christiane, wie Alex von der Polizei (b) festgenommen wird. Sie hat einen Herzinfarkt und fällt in ④ ein Koma. Alex wird am Morgen (c) ________, um seine Mutter im Krankenhaus zu besuchen.

1. Warum kommt Robert Kerner 1978 in Westberlin nicht nach Hause?

   ① Weil er psychisch krank war.
   ② Weil er an einem Kongress teilnehmen sollte.
   ③ Weil er von der DDR nach Westberlin floh.
   ④ Weil er sich von seiner Frau scheiden ließ.

2. Wählen Sie in ①, ②, ③ und ④ den falschen Artikel!

3. Was ist keine Krankheitsbezeichnung oder -symptom?

   ① Depression ② Psychiatrie
   ③ Herzinfarkt ④ Koma

4. Formulieren Sie den Satzteil (a) in eine Partizipialstruktur um!

5. Füllen Sie die Lücke (c) mit dem Gegenteil von (b) ein!

6. Was entspricht dem Text?

① Christiane verließ ihre Familie und wurde Politikerin.

② Westdeutschland war schon vor 1978 im Weltall.

③ Christiane wurde zur Militärparade eingeladen.

④ Alex beteiligte sich an einer Demonstration.

II. Lesen Sie den folgenden Text und beantworten Sie die Fragen dazu! (7-9)

Der Gesundheitszustand von Christiane bleibt kritisch. Sie bleibt acht Monate lang im Koma und verschläft (a) die Wende. Die Mauer fällt, Honecker tritt zurück, freie Wahlen finden statt und die beiden deutschen Staaten sind auf dem Weg zur Wiedervereinigung. Ariane gibt ihr Studium auf und arbeitet bei Burger King, wo sie ihren neuen Freund Rainer kennen lernt. Rainer zieht bei Ariane ein und richtet die Wohnung im westlichen Stil ein. Alex wird arbeitslos, findet aber eine neue Stelle in einer Westfirma, wo er sich mit seinem Arbeitskollegen Denis anfreundet. Alex trifft Lara wieder, die als Lernschwester im Krankenhaus arbeitet, und verliebt sich in sie. Als er Lara am Krankenbett seiner Mutter zum ersten Mal küsst, wacht Christiane unerwartet auf.

Alex beschliesst gegen den Rat des Arztes und trotz der Zweifel von Ariane, die Mutter nach Hause zu nehmen. (b) Um Christiane jede Aufregung zu ersparen, verheimlicht Alex seiner Mutter die veränderte politische Situation und lässt in der 79 Quadratmeter grossen Wohnung die DDR-Alltagskultur aufleben. Das geht nicht ohne Schwierigkeiten. Mal fehlen die vertrauten Ostprodukte, mal entdeckt Christiane an der Hauswand gegenüber ein riesiges Coca

Cola-Poster, mal geht Christiane alleine auf die Strasse und findet sich in einer fremden Welt.

7. Suchen Sie aus dem Text einen anderen Ausdruck für (a)!

8. Was entspricht dem Text?

① Es gelang Alex, die Mutter nach Hause zu nehmen.

② Nach der Wiedervereinigung ging die Familie Kerner unter.

③ Alex ließ die Mutter von der politischen Lage wissen.

④ Christiane blieb die ganze Zeit nur zu Hause und ging nie aus.

9. Übersetzen Sie den Satzteil (b) ins Koreanisch!

III. Lesen Sie den folgenden Text und beantworten Sie die Fragen dazu! (10-13)

Mit viel Phantasie und Organisation, mit alten Videos und manipulierten Tagesschau-Sendungen gelingt es Alex immer wieder, die Kontraste zu erklären und die Wirklichkeitumzudeuten oder neu zu erfinden. Christiane glaubt bis zuletzt (a) die DDR, die ihr Alexgefiltert präsentiert. Alex hingegen sieht ein, dass das Spiel langsam zu kompliziert wirdund beschliesst, die Mutter über die wahren politischen Verhältnisse aufzuklären. Ein-Ausflug zur Familien-Datsche bietet dazu eine günstige Gelegenheit.

Doch Christiane kommt ihm mit einem unerwarteten Geständnis zuvor. Die Flucht desVaters im Sommer 1978 war geplant und Christiane sollte mit den Kindern (b) ______. Angst und die Sorge (c) ______ ihre Kinder verhinderten damals eine Ausreise. Am Abend nachdem Ausflug erleidet Christiane einen zweiten Infarkt und muss wieder ins Krankenhaus. Als Ariane in der Küche die alten Briefe Roberts an seine Familie findet, beschliesst Alex, seinen Vater in Wannsee aufzusuchen. Er bittet ihn, seine ehemalige Frau Christiane imKrankenhaus zu besuchen.

10. Welche der folgenden Aussagen entspricht dem Text? ______

① Bei einem Ausflug lässt Alex seine Mutter Bescheid über die wahren politischen Verhältnisse wissen.

② Ariane bearbeitet für ihre Mutter die alten Briefe ihres Vaters.

③ Christiane lebt seit Sommer 1978 als alleinerziehende Mutter.

④ Robert besucht seine ehemalige Frau Christiane im Krankenhaus.

11. Welche Präpositionen passen in die Lücke (a) und (c)? ______

① an - für ② an - um

③in - für ④ in - um

12. Welches der folgenden Wörter passt nicht im Text zu (b)? ______

① hinterherkommen ② ihrem Mann folgen

③ nachkommen ④ zurückbleiben

13. Welches Nomen passt zur unten beschriebenen Erklärung? Finden Sie es im Text! ______

geeignete Umstände, um etwas Geplantes auszuführen, Anlass

Grammatik

1. Wie würden Sie persönlich in einer solchen Situation reagieren, wenn Sie die Mutter, die Tochter oder der Sohn wären? Wandeln Sie den Ausdruck der Vergangenheit in einen irrealen Bedingungssatz mit Konjunktiv II um!

   1) Die Mutter kam nicht mit den Kindern nach.

      An ihrer Stelle ______________________.

   2) Die Tochter hat das BWL-Studium aufgegeben.

      An ihrer Stelle ______________________.

   3) Alex hat die Wahrheit über die wahren politischen Verhältnisse nicht aufgeklärt.

      An ihrer Stelle ______________________.

2. Alex und Denis drehen drei Ausgaben der "Aktuellen Kamera". Was haben sie gefälscht? Wandeln Sie den eingeklammerten Satz um, indem Sie den Konjunktiv II verwenden!

   1) Sie haben Alex' Mutter glauben lassen, als ob ______________________.

      (Laboratorien der DDR haben nicht den originellen Geschmack von Coca Cola entwickelt.)

   2) Sie haben vorgetäuscht, als ob ______________________.

      (Die Bürger der BRD sind nicht in die DDR eingewandert.)

   3) Sie haben so getan, als ob ______________________.

      (Die DDR hat am 41. Jahrestag ihrer Gründung in einem Akt nationaler Stärke ihre Grenzen zur Bundesrepublik geöffnet.)

3. Wählen Sie die passenden Präpositionen aus!

Im Oktober 1989 zieht Christiane Kerner ihr bestes Kleid an und fährt mit dem Taxi zum "Palast der Republik", um (*aufgrund*, *während*, *anlässlich*) der 40-Jahr-Feier der DDR eine Auszeichung zu erhalten. Da kommen (*von*, *an*, *in*) allen Seiten Polizeifahrzeuge und blockieren die Straße. Der Taxifahrer rät Christiane, zu Fuß weiterzugehen. Die Polizisten knüppeln einen Schweigemarsch (auf, *für*, *über*) die Freiheit nieder. Plötzlich sieht Christiane, wie ihr Sohn (*von*, *zu*, *auf*) zwei Polizisten abgeführt und zu anderen Festgenommenen (*an*, *auf*, *über*) einen Lkw gestoßen wird. Sie bricht zusammen und fällt (*im*, *aus dem*, *ins*) Koma.

Acht Monate später wacht Christiane (*ins*, *im*, *aus dem*) Koma auf. Christiane darf keine Aufregung, weil die kleinste Aufregung lebensgefährlich sein könnte. Sie darf also nichts (*an*, *auf*, *über*) die Veränderung der letzten Monaten erfahren. Um sie jedoch zu schonen, beschließt Alex, ihr den vertraut verstaubten Alltag vorzuspielen und trimmt die inzwischen verwestlichte Wohnung wieder (*an*, *auf*, *mit*) DDR-Niveau. (*Zu*, *Für*, *An*) Alex beginnt eine atemberaubend anstrengende Zeit. Er hat größte Mühe, die längst aus den Läden verschwundenen Ost-Produkte für seine Mutter zu organisieren. Im mütterlichen Schlafzimmer sammeln sich die Requisiten der alten Zeit. (*An*, *Zu*, *Mit*) seinem filmbegabten Kumpel Denis fängt er an, eigene Folgen der "Aktuellen Kamera" nachzudrehen.

Noch einmal gaukelt Alex seiner Mutter eine Nachrichtensendung vor. Sigmund Jähn sei der Nachfolger des aus gesundheitlichen Gründen (*zu*, *von*, *an*) seinen Ämtern zurückgetreten Erich

Honecker, heißt es. Der neue Staatsratsvorsitzende habe beschlossen, die Berliner Mauer einzureißen, um die unzufriedenen Bundesbürger hereinzulassen. Christiane ist glücklich (*damit, darüber, darauf*), dass sich ihr Staat am Ende als der bessere erwiesen hat und sich nun (*zu, an, gegenüber*) den Menschen aus dem Westen großzügig zeigt. Drei Tage später stirbt die Mutter (*während, trotz, wegen*) der Feierlichkeiten zur Wiedervereinigung.

4. Schreiben Sie noch einmal alle Verben mit Präpositionen aus dem Test im Infinitiv auf!

Protagonisten

Christiane Kerner

Mutter Christiane steht im Mittelpunkt des Films. Nach der Flucht ihres Mannes in den Westen findet sie Halt im politischen System. Voller Idealismus setzt sie sich für die Anliegen und Nöte der einfachen Bürger ein und beteiligt sich an Solidaritätsaktionen. Ihren Idealismus für das sozialistische Menschenbild teilen nicht alle. 1989 hat sie einen Herzinfarkt und fällt ins Koma.

Alex Kerner

Sohn Alex, 21, ist die Hauptfigur des Films. Ironisch kommentiert er die letzten elf Jahre seines Lebens und den Prozess der Wiedervereinigung. Sein Interesse gilt der Familie und seinem Privatleben; Beruf und Politik interessieren ihn weniger. Trotzdem demonstriert er 1989 für politische Reformen. Als die Mutter aus dem Koma erwacht, fühlt er sich für sie verantwortlich. Zuerst konserviert er die alte DDR. Aber mit der Zeit entwirft er eine ideale DDR, eine soziale Gesellschaft, ein anderes Leben.

Ariane Kerner

Tochter Ariane ist zwei Jahre älter als Alex. Sie ist allein erziehende Mutter und braucht finanzielle und emotionale Sicherheit. Pragmatisch und lebenslustig versucht sie, die DDR möglichst schnell zu vergessen und die neue westliche Konsumwelt zu geniessen. Sie gibt ihr Studium auf und arbeitet als Kassiererin bei Burger King, wo sie ihren neuen Freund Rainer, einen Westler, kennen lernt.

Rainer

Neuer Freund von Ariane. Er hat Mühe mit der DDR-Mentalität. Er versteht den Aufwand nicht, den Alex für seine Mutter treibt. Die Wertvorstellungen der Ostdeutschen und sogar ihre Sprache sind ihm fremd.

Lara

Lernschwester und Freundin von Alex. Sie kommt aus der Sowjetunion und arbeitet im Krankenhaus Charité in Ostberlin. Alex lernt sie auf der Demonstration kennen und trifft sie später am Krankenbett seiner Mutter wieder. Er verliebt sich in Lara. Teils amüsiert, teils verärgert verfolgt sie die Bemühungen von Alex, seiner Mutter die alte DDR zu erhalten.

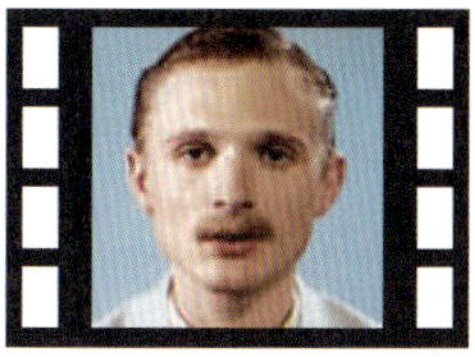

Denis Domatschke

Er kommt aus dem Westen und wird Arbeitskollege von Alex bei der neuen Firma X-TV. Denis ist ein Video-Tüftler, dreht in seiner Freizeit Filme auf Hochzeiten und träumt von einer Karriere als Film-Regisseur. Denis hilft seinem Freund Alex beim Wiederherrichten des alten Zimmers von Christiane. Zusammen produzieren sie drei Ausgaben der "Aktuellen Kamera", um Christiane die Veränderungen aus DDR-Sicht zu erklären.

Robert Kerner

Vater von Alex. Robert ist Arzt. Weil er nicht in der Partei war, hatte er berufliche Schwierigkeiten. Deshalb nutzte er die Gelegenheit eines Kongresses im Westen zur Flucht aus der DDR. Die Flucht war gemeinsam geplant und Christiane sollte mit den beiden Kindern nachkommen. Weil Christiane Angst hatte vor den bürokratischen Problemen einer Ausreise, ist sie schlussendlich in Ost-Berlin geblieben und hat die Briefe von Robert an seine Kinder versteckt. Robert lebt mit seiner neuen Familie in Berlin-Wannsee.

Direktor Klapprath

Schuldirektor von Christiane. Wahrscheinlich schon in der alten DDR frustriert, gehört er nach der Wende zu den Verlierern und ertränkt seinen Frust im Alkohol.

Zitate aus dem Film

Aus Kapitel 3

Mutter Ich weiss überhaupt nicht, ob ich da hingehe. Werden ja alle da sein, die hohen Tiere von der Partei. Ich kenne ja gar keinen .... Obwohl, Gorbatschow würde ich schon ganz gerne aus der Nähe sehen.

Alex Da stehen sie alle rum und feiern sich selbst, die ganzen alten Säcke.

Mutter Musst ja nicht hingucken!

Alex Mama, merkst du eigentlich nicht, was da passiert?

Mutter Und du? Was willst du? Abhauen? Es wird sich nichts ändern, wenn alle abhauen.

Aus Kapitel 10

Arzt Es tut mir leid Ihnen das sagen zu müssen, aber Ihre Mutter ist immer noch sehr gefährdet. Ich kann Ihnen kaum Hoffnungen machen, dass sie die nächsten Wochen überleben wird.

Alex Na ja, können wir sie denn mit nach Hause nehmen?

Arzt Ausgeschlossen. Sie ist hier viel besser aufgehoben. Es ist auch viel einfacher für Sie. Einen zweiten Infarkt wird sie nicht überstehen. Sie müssen jegliche Aufregung, ja nur die Gefahr einer Aufregung, von Ihrer Mutter fernhalten. Und wenn ich das sage, dann meine ich jedwede Aufregung, Herr Kerner!

Alex Jedwede Aufregung.

Arzt Es ist lebensbedrohlich.

Alex Und das hier? (zeigt eine Ausgabe der Bild-Zeitung) Ist das kein Grund zur Aufregung? Meine Mutter hat von der Wende nichts mitbekommen. Hier erfährt sie alles sofort.

Materialien

Off-Kommentare

Kapitel: Off-Kommentar von Alex Kerner

1 Am 26. August 1978 waren wir auf Weltniveau: Sigmund Jähn, Bürger der Deutschen Demokratischen Republik (DDR) flog als erster Deutscher ins All. Mit unserer Familie aber ging es an diesem Tag so richtig den Bach runter.

2 Meine Mutter wurde so traurig, dass sie aufhörte zu reden. Sie sprach einfach nicht mehr. Nicht mit uns, nicht mit anderen. Nach 8 Wochen kam Mutter wieder nach Hause. Sie war wie verwandelt und das Leben hatte sie zurück. Wir sprachen nie mehr von Vater. Meine Mutter hat sich von dieser Zeit an mit unserem sozialistischen Vaterland verheiratet. Da diese Beziehung naturgemäss keine sexuelle war, blieb viel Elan und Tatkraft für uns Kinder und den sozialistischen Alltag übrig. Meine Mutter wurde Förderin des gesellschaftlichen Fortschritts, eine leidenschaftliche Aktivistin für die einfachen Bedürfnisse der Bevölkerung und gegen die kleinen Ungerechtigkeiten des Lebens.

3 Die DDR wurde 40. Ich hatte arbeitsfrei bei der PGH Fernsehreparatur "Adolf Hennecke" und fühlte mich auf dem Höhepunkt meiner männlichen Ausstrahlungskraft. Die Zeit roch nach Veränderung, während vor unserem Haus ein überdimensionierter Schützenverein seine letzte Vorstellung gab.

4 Am Abend des 7. Oktober 1989 hatten sich mehrere Hundert Menschen zum Abendspaziergang eingefunden, um sich im Vorwärtsschreiten für grenzenloses Spazierengehen einzusetzen.

5 Mutter schlief fest. In ihrem tiefen, nicht enden wollenden Schlaf kreiste sie wie ein Satellit um das menschliche Treiben auf un-

serem kleinen Planeten und in unserer noch kleineren Republik. Ihr Schlaf verdunkelte den Abgang des werten Genossen Erich Honecker, Generalsekretär des ZK der SED und Vorsitzender des Staatsrates der DDR.

6 Mutter verschlief ein klassisches Konzert vor dem Rathaus Schöneberg. Und den Beginn einer gigantischen und einzigartigen Altstoffsammlung. Mutter schlief weiter, tief und fest. Sie verpasste meinen ersten Ausflug in den Westen und wie einige Genossen unbeirrt und pflichtbewusst uns Arbeiter und Bauern schützten. Natürlich entgingen ihr auch meine ersten kulturellen Entdeckungen in einem neuen Land. Mutters tiefe Ohnmacht erlaubte ihr nicht, an den ersten freien Wahlen teilzunehmen. Sie verschlummerte, wie Ariane ihr Studium der Wirtschaftstheorie schmiss und ihre ersten praktischen Erfahrungen mit der Geldzirkulation machte. Der Schlaf ersparte ihr den Einzug von Arianes neuem Lover Rainer, Klassenfeind und Grilletten-Chef. Ihr entging die zunehmende Verwestlichung unserer 79-Quadratmeter-Plattenbau-Wohnung und Rainers Begeisterung für die Sitten und Gebräuche des Morgenlandes. In ihre Nacht drang nicht die grosse hormonelle Verzückung, in die ich beim Anblick einiger schöner Beine geraten war. Und in ihre schwarzen Träume drang auch nicht der erste Arbeitstag von Lernschwester Lara, Austauschengel aus der Sowjetunion.

7 Mutter verschlief den Siegeszug des Kapitalismus. Und die Terminkoordination meiner Besuche im Krankenhaus. Ihr Schlaf ignorierte, wie Helden der Arbeit arbeitslos wurden. Die PGH Fernsehreparatur "Adolf Hennecke" wurde abgewickelt. Ich war der Letzte und ich machte das Licht aus. Dann kam der Aufschwung. Im Ost-West-Team praktizierte ich frühzeitig die Wiedervereini-

gung. Satellitenschüsseln liessen unsere Landschaften erblühen.

8 Mutter verschlief meine unaufhaltsamen Fortschritte bei Lara. Nach 4 Früh- und 35 Spätschichten war es dann so weit: wir hatten unser erstes romantisches Rendezvous. Der Wind der Veränderung blies bis in die Ruinen unserer Republik. Der Sommer kam und Berlin war der schönste Platz auf Erden. Wir hatten das Gefühl, im Mittelpunkt der Welt zu stehen. Dort, wo sich endlich was bewegte. Und wir bewegten uns mit. Die Zukunft lag ungewiss in unseren Händen, ungewiss und verheissungsvoll.

10 Anfang Juni 1990 waren die Grenzen unserer DDR nichts mehr wert. Mutter schlief weiter. Ich aber entsann mich des alten Genossen-Wortes "Wir lösen Probleme im Vorwärtsschreiten" und handelte.

11 Mein Leben veränderte sich gewaltig. Und der Tag, an dem wir Mutter nach Hause holen wollten, rollte mit der Unerbittlichkeit eines tonnenschweren russischen Panzers auf uns zu.

12 Ende Juni 1990 leerten sich die Kaufhallen unseres sozialistischen Vaterlandes. Und aus dem Land hinter der Mauer kam echtes Geld. Während sich die meisten Bürger der Republik vor den Sparkassen mit gewohnter Geduld in langen Schlangen einreihten, suchten wir noch fieberhaft nach Mutters Sparbuch. Von allen ersehnt, überflutete die D-Mark unsere kleine Menschengemeinschaft. Getauscht wurde 2:1, Deutschland gewann 1:0. Über Nacht hatte sich unsere graue Kaufhalle in ein buntes Warenparadies verwandelt. Und ich wurde als Kunde zum König.

14 Da einige Mitbürger erst gar nicht aus ihrem Ungarn-Urlaub zurückgekommen waren, hatte sich die Wohnungslage in der Hauptstadt merklich entspannt. Überall versteckt gab es verlassene Wohnungen, in die wir nur einziehen mussten.

16 Während die Weltzeit-Uhr am Alexanderplatz auf Mutters Geburtstag zuraste, vereinte ein kleiner runder Ball die gesellschaftliche Entwicklung der geteilten Nation und liess zusammenwachsen, was zusammen gehörte. Ich aber mühte mich wie ein Held der Arbeit ab, um bis zu diesem Tag in Mutters Zimmer eine allseitig entfaltete DDR wieder aufleben zu lassen. Die ersten Geburtstagsgäste waren eingeladen. Andere mussten erst noch überzeugt werden, denn viele aus der Technischen Oberschule "Werner Seelenbinder" hatten sich plötzlich ins Private zurückgezogen. So auch Dr. Klapprath, einst Schulleiter und verdienter Lehrer des Volkes.

17 Während sich viele lautstark schon für die Meister von morgen hielten, drangen aus Mutters Schlafzimmer Klänge von gestern.

18 Als ich an diesem Tag in die Wolken starrte, wurde mir klar, dass die Wahrheit nur eine zweifelhafte Angelegenheit war, die ich leicht Mutters gewohnter Wahrnehmung angleichen konnte. Ich musste nur die Sprache der "Aktuellen Kamera" studieren und Denis' Ehrgeiz als Filmregisseur anstacheln.

19 Ich fühlte mich wie der Kommandant eines U-Bootes der Nordmeer-Flotte, dessen kampferprobte Stahlhaut leckgeschlagen war. Kaum hatte ich ein Leck geschlossen, brach ein neues aus. Ariane versagte mir die Waffenbrüderschaft, der Klassenfeind hisste die Cola-Flagge und ein frischer Westwind blies mir Mutters Ost-Geld um die Ohren. Im Sommer 1990 überzeugte die deutsche Nationalmannschaft mit Planüberfüllung und wurde Fussball-Weltmeister.

20 Und Mutter ging es immer besser. Irgendwo in dieser Stadt lebte mein Vater. Ich sah sein Bild vor mir. Ein fetter Kerl, der den ganzen Tag Cheeseburger mit Pommes in sich hineinstopfte. Er lebte

in seiner Welt und ich in meiner. Er hatte nichts mit mir zu tun und ich nichts mit ihm.

21 Das Leben in unserem kleinen Land wurde immer schneller. Irgendwie waren wir alle wie kleine Atome in einem riesigen Teilchenbeschleuniger. Doch weit ab von der Hektik lag ein kleiner Ort der Stille, der Ruhe und der Beschaulichkeit, in dem ich mich endlich mal ausschlafen konnte.

22 Irgendwie muss ich zugeben, dass sich mein Spiel verselbständigte. Die DDR, die ich für meine Mutter schuf, wurde immer mehr die DDR, die ich mir vielleicht gewünscht hätte.

23 Und so war die Einheit zumindest in unserer kleinen Familie wieder hergestellt. Ein gesamtdeutsches Baby war unterwegs und gesamtdeutsche Verträge wurden unterzeichnet. In Moskau rechnete man aus, dass 2 plus 4 eins ergibt und trank mit Krimsekt gesamtdeutsche Brüderschaft. Wir in Berlin unternahmen unseren ersten gesamtdeutschen Ausflug. Am gleichen Abend ging es Mutter plötzlich schlechter.

26 Da war er. Das Idol meiner Jugend. Wie ein beschworener Geist aus meiner Kindheit: Sigmund Jähn. Er gab keine Autogramme, redete nicht zu Pionieren über die Geheimnisse des Universums, die Freiheit in der Schwerelosigkeit oder die Unendlichkeit des Kosmos. Er fuhr nur ein kleines stinkendes Lada-Taxi. So flogen wir durch die Nacht, wie durch die Weiten des Kosmos. Lichtjahre entfernt von unserem Sonnensystem, vorbei an Galaxien mit unbekannten Lebensformen, landeten wir in Wannsee.

28 Der Sommer war vorbei. Ich beschloss, dem ganzen Spuk ein Ende zu machen. Ein letztes Mal noch sollten wir den Geburtstag unseres sozialistischen Vaterlandes feiern. Aber im Gegensatz zur Wirklichkeit als einen würdigen Abschied. Weil Mutter ihn gar

nicht erwarten konnte, verschoben wir den Jahrestag der DDR vom 7. Auf den 2. Oktober 1990, den Vorabend der Wiedervereinigung.

29 Meine Mutter überlebte die DDR genau drei Tage. Ich glaube, es war schon richtig, dass sie die Wahrheit nie erfahren hat. Sie ist glücklich gestorben. Sie hat sich gewünscht, dass wir ihre Asche in alle Winde zerstreuen. Das ist in Deutschland verboten, im Westen wie im Osten, aber das war uns egal. Irgendwo da oben schwebt sie jetzt und schaut vielleicht auf uns hinab. Und sieht uns als winzige Punkte auf unserer kleinen Erde. Genau wie damals Sigmund Jähn. Das Land, das meine Mutter verliess, war ein Land, an das sie geglaubt hatte, und das wir bis zu ihrer letzten Sekunde überleben liessen. Ein Land, das es in Wirklichkeit nie so gegeben hat. Ein Land, das in meiner Erinnerung immer mit meiner Mutter verbunden sein wird.

Deutschland nach dem Krieg

1945 4. – 12. Februar: Konferenz von Jalta zu Europa nach dem Krieg

25. April: Amerikanische und sowjetische Truppen treffen sich an der Elbe

30. April: Selbstmord Hitlers in Berlin

8. Mai: Kapitulation Deutschlands

11. Juni – 5. Juli: Gründung neuer Parteien in Deutschland

1. – 4. Juli: Einzug westlicher Truppen in Berlin

17. Juli – 2. August: Konferenz von Potsdam

Deutschland und Berlin werden in vier Zonen geteilt: die sowjetische (Ostzone), die englische, die französische und amerikanische Zone. (Westzonen)

1946 21. / 22. April: Fusion von SPD und KPD zur SED in Ostberlin und in der Ostzone

1947 12. März: Truman-Doktrin: Beginn des Kalten Krieges

5. Juni: Marshall-Plan für den wirtschaftlichen Aufbau von Europa

1948 23. Februar: Beginn der Sechsmächtekonferenz in London Empfehlung zur Gründung eines westdeutschen Staates

20. / 21. Juni: Währungsreform in den Westzonen. Die D-Mark wird eingeführt.

Beginn des westdeutschen Wirtschaftswunders

24. Juni: Beginn der Blockade von West-Berlin

1949 12. Mai: Ende der Berliner Blockade

23. Mai: Konstituierung der Bundesrepublik Deutschland (BRD) Hauptstadt ist Bonn. Währung ist die D-Mark West-Berlin bekommt einen Sonderstatus

14. August: Wahlen für den Deutschen Bundestag (Parlament)

7. August: Konstituierung der Deutschen Demokratischen Republik (DDR) Hauptstadt ist Ost-Berlin. Währung ist die R-Mark

1952 26. Mai: Deutschlandvertrag: Die BRD erhält Souveränität

1953 17. Juni: Volksaufstand in Ost-Berlin und in der ganzen DDR

1955 5. Mai: Beitritt der BRD zur NATO. Souveränität der BRD wird bestätigt.

14. Mai: Gründung des Warschauer Paktes, mit Einschluss der DDR

1957 25. März: Gründung der Europäischen Wirtschaftsgemeinschaft (EWG) in Rom

1958 27. November: "Berlin-Ultimatum" der Sowjetunion

1961 Juni - August: Tausende von DDR-Bürgern flüchten nach West-Berlin.

13. August: Bau der Mauer. West-Berlin wird durch die Mauer komplett abgeriegelt.

1972 21. Dezember: Grundvertrag zwischen BRD und DDR (Ost-Politik)

1973 8. September: Aufnahme der beiden deutschen Staaten in die UNO

1978 26. August: Der ostdeutsche Kosmonaut Sigmund Jähn fliegt mit dem russischen Kommandanten Bykovski in der Sojus 31 zur russischen Raumstation Saljut 6. Jähn ist der erste Deutsche im All.

Chronik 1989

POLITISCHE EREIGNISSE	PRIVATE EREIGNISSE - FAMILIE KERNER

Januar

11. DDR: 20 ausreisewillige DDR-Bürger erhalten Überprüfung ihrer Ausreiseanträge zugesichert.

15. DDR: Staats- und Parteichef Erich Honecker erklärt:" Die Mauer wird in 50 und auch in 100 Jahren noch bestehen, wenn die dazu vorhandenen Gründe nicht beseitigt sind."

29. West-Berlin: Wahlen zum Berliner Abgeordnetenhaus: SPD 37.3%, Alternative Liste 11.8%, Republikaner 7.5%
Walter Momper wird Bürgermeister.

Februar

6. DDR: Grenzsoldaten erschiessen den 20jährigen Schlosser Chris Geoffrey beim Fluchtversuch.

15. Afghanistan: Die letzten sowjetischen Truppen verlassen das Land.

März

2. Ungarn: Der Ministerpräsident kündigt erste freie Wahlen an.

24. USA: Exxon Valdez-Ölkatastrophe vor Alaska

26. UdSSR: Die Reformer gewinnen die Wahlen.

April

2. Palästina: Arafat wird Präsident.
12. Ungarn: Das Politbüro der KP wird aufgelöst und mit Reformern neu gebildet.
17. Polen: Die Gewerkschaft Solidarnosc wird legalisiert.

Mai

2. Ungarn: Öffnung der Grenze zu Oesterreich
7. DDR: Bei den Kommunalwahlen gewinnt die Einheitsliste mit 98.85%.
25. UdSSR: Gorbatschow wird Präsident.
26. Berlin: Ein Ostdeutscher flieht mit einem Ultraleicht-Flugzeug.
30. BRD: US-Präsident Bush auf Staatsbesuch fordert den Abbruch der Mauer.

Juni

4. China: Blutbad bei Demonstration auf dem Tienanmen-Platz in Peking
7. Ost-Berlin: Demonstration gegen Wahlfälschung
8. DDR: Die Volkskammer rechtfertigt das Blutbad in Peking. Die Bevölkerung der DDR hat Angst vor einer "chinesischen Lösung".
12. BRD: Gorbatschow auf Staatsbesuch
27. Ungarn/Oesterreich: Die Aussenminister öffnen die Grenze offiziell. Flüchtlingsstrom aus der DDR nach Ungarn

Juli

7. Bukarest: Ostblock-Gipfelkonferenz Gorbatschow schafft die Breschnew-Doktrin ab. Jeder Staat hat Recht auf eigene Entwicklung.

15. Polen/Ungarn/Tschechoslowakei: DDR- Flüchtlinge in den BRD-Botschaften

August

8. Ost-Berlin: 130 DDR-Bürger in der Botschaft der BRD

13. Budapest: 180 DDR-Bürger in der Botschaft der BRD

19. Ungarn: Bei Sopron flüchten 900 DDR-Bürger nach Oesterreich.

22. Prag: 140 DDR-Bürger in der Botschaft der BRD

26. DDR: Das SED-Organ "Neues Deutschland" fordert die Bürger auf, die DDR nicht zu verlassen.

September

4. Leipzig: Erste Montagsdemonstration vor der Nikolai-Kirche

10. Ungarn: Exodus von 30'000 DDR-Bürgern in die BRD

11. Ost-Berlin: Die Regime-Kritiker gründen das "Neue Forum".

25. Leipzig: 5000 Personen demonstrieren gegen das Verbot des "Neuen Forum".

30. Prag/Warschau: 4000 DDR-Bürger reisen in die BRD aus.

	Oktober	
1.	Prag/Warschau: Sonderzüge mit 6'800 DDR- Flüchtlingen fahren in die BRD.	
2.	Leipzig: 20'000 Personen demonstrieren für Reformen.	
3.	Prag: 7'600 DDR-Bürger vor der Botschaft der BRD	
4.	Prag/Warschau: 7'600 DDR-Bürger reisen in die BRD aus. Dresden: Tumulte am Hauptbahnhof	
7.	Ost-Berlin: Militärparade zum 40. Geburtstag der DDR Gorbatschow verlangt Reformen in der DDR. In Ost-Berlin kommt es zu Tumulten und Demonstrationen.	Christiane Kerner weiss noch nicht, ob sie zum offiziellen Festakt in den Palast der Republik gehen soll. Sie will ihr Idol Gorbatschow live sehen. Christiane streitet mit ihrem Sohn Alex. Alex trifft auf der Demonstration die junge Russin Lara. Alex wird verhaftet. Christiane verfolgt die Festnahme von Alex und bricht bewusstlos zusammen.
8.		Alex wird aus dem Gefängnis entlassen, weil seine Mutter im Krankenhaus liegt. Im Krankenhaus trifft Alex seine Schwester Ariane und erfährt, dass die Mutter einen Herzinfarkt hatte und im Koma liegt.
9.	Leipzig: 70'000 Personen demonstrieren für Demokratie.	
16.	Leipzig: 120'000 Personen demonstrieren für Demokratie.	

18.	DDR: Honecker tritt zurück. Egon Krenz wird neuer Generalsekretär der SED.	Alex schaut mit Arbeitskollegen die "Aktuelle Kamera" und erfährt den Rücktritt Honeckers. Er hängt das Bild von Honecker ab und stellt es auf die Strasse.
	November	
3.	DDR: Ostdeutsche Bürger dürfen über die Tschechoslowakei ausreisen. Es kommt zu einer Ausreisewelle.	
4.	Ost-Berlin: 1 Million Personen demonstrieren auf dem Alexanderplatz für Freiheit und Demokratie.	
6.	Leipzig: Grossdemonstration für Reisemöglichkeiten und freie Wahlen	
7.	DDR: Die Regierung unter Willi Stoph tritt zurück.	
8.	DDR: Das Politbüro tritt zurück. Egon Krenz bleibt Generalsekretär.	
9.	DDR: Neue Ausreisregelung erlaubt Privatreisen. Ost-Berlin: Tausende DDR-Bürger drängen an die Grenzübergänge. Die Grenzen sind offen, die Mauer fällt.	
10.	Westberlin: Treffen von Brandt, Kohl und anderen BRD-Politikern. Bundeskanzler Kohl wird ausgepfiffen.	"
11.	DDR: 3 Millionen DDR-Bürger besuchen die BRD und West-Berlin. Der Verkehr bricht zusammen.	
17.	DDR: Modrow wird Ministerpräsident und kündigt Reformen an.	

26. DDR: Reformer und Intellektuelle fordern eine sozialistische Alternative zur BRD.
28. BRD: Kanzler Kohl präsentiert einen Plan zur Zukunft der beiden deutschen Staaten. Ziel ist die Wiedervereinigung.

Dezember

2. DDR: Untersuchungsausschuss untersucht Korruption und Amtsmissbrauch der Staats- und Parteispitze.
3. DDR: Rücktritt der SED-Parteiführung, des Politbüros und des Zentralkomitees Honecker wird aus der SED ausgeschlossen. Haftbefehle gegen die Mächtigen von gestern

6. DDR: Egon Krenz tritt zurück.
7. DDR: Der runde Tisch (Regierung und Opposition) löst die Stasi auf und beschliesst freie Wahlen.
11. Leipzig: An der Montagsdemonstration wird die Wiedervereinigung gefordert.
16. Rumänien: Volksaufstand und Massaker in Temesvar
20. Dresden: Kohl und Modrow beschliessen einen deutsch-deutschen Vertrag.
22. Berlin: Das Brandenburger Tor wird geöffnet. Rumänien: Ceausescu wird gestürzt.
24. BRD/DDR: Westdeutsche können in die DDR reisen. Reiseansturm
31. Berlin: Riesiges Feuerwerk am Brandenburger Tor

Chronik 1990

	POLITISCHE EREIGNISSE	PRIVATE EREIGNISSE - FAMILIE KERNER
	Januar	
4.	BRD: im Dezember waren 2 Millionen Bürger arbeitslos.	
15.	Ostberlin: 2000 Demonstranten stürmen die Stasi-Zentrale.	Alex unternimmt seinen ersten Ausflug nach West- Berlin.
21.	DDR: Die SED heisst jetzt PSD.	
26.	DDR: Erich Honecker wird verhaftet und am nächsten Tag wieder freigelassen.	
	Februar	
1.	DDR: Ministerpräsident Modrow unterbreitet Stufenplan zur Vereinigung der beiden deutschen Staaten.	
5.	DDR: Die Volkskammer beschliesst Meinungs-, Informations- und Medienfreiheit. Die TAZ erscheint in einer Ost-Ausgabe.	
7.	Bonn: Das Kabinett bildet einen Ausschuss "Deutsche Einheit". Kohl schlägt Währungsunion vor. DDR: Die Opposition schliesst sich zum "Bündnis 90" zusammen.	
10.	UdSSR: Gorbatschow sichert Kohl Zustimmung zur Wiedervereinigung zu.	
12.	2+4 Konferenz der Aussenminister (BRD, DDR + USA, UdSSR, GB, F)	

März

1. DDR: Staatsbetriebe werden in Kapitalgesellschaften umgewandelt. Die Treuhandgesellschaft verwaltet das Volkseigentum der DDR.

7. DDR: Die Gründung privater Unternehmen ist erlaubt.

17. Warschauer Pakt garantiert die Wiedervereinigung als Recht des deutschen Volkes.

18. DDR: erste freie Wahlen. Sieg der "Allianz für Deutschland". Die Wahlbeteiligung beträgt 93.38%.

April

2. Ariane gibt ihr Wirtschaftsstudium auf und beginnt einen Job als Kassiererin bei Burger King.

4. BRD: Steuererleichterungen für Investitionen in der DDR.

12. DDR: Lothar de Maizière wird Ministerpräsident. Die grosse Koalition einigt sich auf den Beitritt der DDR zur BRD.

14 Am Ostersamstag zieht Arianes neuer Freund Rainer bei Kerners ein.
Alex trifft Lara im Krankenhaus wieder. Sie ist dort Lernschwester.

27. Ost-Berlin: Beginn der Verhandlungen über den deutsch-deutschen Staatsvertrag.

28.	EG: Die Europäische Union stimmt der Wiedervereinigung zu.	
	Mai	
		Alex besucht seine Mutter jeden Tag. Er stimmt seine Besuche mit dem Arbeitsplan von Lara ab.
2.	DDR: Die Umtauschkurse für die Währungsunion werden festgelegt.	
15.	BRD: Fond Deutsche Einheit mit 115 Mia DM zur Finanzierung der Währungs-, Wirtschafts- und Sozialunion	
21.	DDR: In Zwickau läuft der erste VW Polo vom Band.	
30.	DDR: Einführung der D-Mark auf den 1. Juli	
31.	DDR: Das Staatswappen wird von allen öffentlichen Gebäuden entfernt.	
	Juni	
1.		Die Firma PGH Fernsehreparatur wird aufgelöst und Alex verliert seinen Job. Er macht dafür Fortschritte bei Lara.
5.		Alex bekommt einen neuen Job bei der Firma X- TV. Mit seinem Kollegen Denis verkauft er Satelliten-Anlagen.
6.	DDR: RAF-Terroristen werden festgenommen.	
8.	Beginn der Fussball-Weltmeisterschaft	
10.	BRD: Die Grünen lehnen den Staatsvertrag mit der DDR ab.	
13.	Berlin: Beginn des Mauerabrisses	

14.		Alex repariert den Fernseher im Schwesternzimmer des Krankenhauses. Erste Verabredung mit Lara.
15.	DDR: Regelung der Vermögenslagen Enteigneter Privatbesitz ist an die alten Besitzer zurückzugeben.	
16.		Alex hat sein erstes Rendezvous mit Lara in einem Klub.
18.		Die Grenze existiert nicht mehr.
21.	BRD/DDR: Verabschiedung des Staatsvertrages PDS, Bündnis 90 und Grüne lehnen ab.	
22.		Alex küsst Lara zum ersten Mal. Christiane Kerner erwacht nach acht Monaten aus dem Koma. Alex beschliesst, seine Mutter nach Hause zu nehmen.
23.	Fussball-WM: Deutschland schlägt Holland 2:1 und ist im Viertelfinale.	
24.		Alex und Denis richten das alte Zimmer der Mutter wieder her.
25.		Die Mutter kommt nach Hause. Alex findet in den Supermärkten keine DDR- Produkte mehr.
30.	DDR: Abschiedsparty für die Ost-Mark Tumulte beim Sturm auf Bankfilialen	Alex und Ariane suchen das Sparbuch der Mutter.
	Juli	
1.	DDR: Die DM ist neues Zahlungsmittel. Fussball-WM: Deutschland schlägt die Tschechoslowakei 1:0 und ist im Halbfinale.	

2.		Alex und Ariane wollen eine Bankkontovollmacht von der Mutter. Sie hat ihr Geld in der Wohnung versteckt, hat aber vergessen wo. Alex und Lara besetzen eine verlassene Wohnung.
4.	Fussball-WM: Deutschland schlägt England 5:4 und ist im Finale.	
5.		Alex bereitet die Geburtstagsfeier für Christiane vor.
6.	Ost-Berlin: Beginn der Verhandlungen zum Einigungsvertrag	Christiane hat Geburtstag. Während der Feier erscheint auf der Fassade gegenüber ein riesiges Coca Cola Transparent. Denis und Alex drehen eine Ausgabe der "Aktuellen Kamera" vor dem Hauptsitz von Coca Cola in Berlin.
7.		Alex und seine Mutter schauen die gefälschte Ausgabe der "Aktuellen Kamera". Christiane erinnert sich plötzlich, wo sie ihr Geld versteckt hat. Alex findet das Geld im Sperrmüll vor dem Haus.
8.	Fussball-WM: Deutschland schlägt Argentinien 1:0 und ist Weltmeister.	Alex und Ariane wollen 30'000 Ostmark umtauschen. Die Umtauschfrist ist aber vor zwei Tagen abgelaufen. Alex schmeisst das wertlose Geld vom Dach. Lara sieht amüsiert zu.
14.	UdSSR: Gorbatschow garantiert Kohl volle Souveränität für Deutschland.	

21.	Berlin: Konzert von Pink Floyd auf dem Potsdamer Platz	Christiane geht es immer besser. Sie schreibt wieder Eingaben an die Parteiführung. Ariane erkennt ihren Vater als Kunden bei Burger King.
	August	
2.	Kuwait: Invasion von irakischen Truppen	
23.	DDR: Die Volkskammer beschliesst Beitritt der DDR zur BRD auf den 3. 10. 1990.	
24.	DDR: Verbot der Vernichtung von Stasi-Akten	
31.	BRD/DDR: Die Regierungen genehmigen den Einigungsvertrag.	Lara übt Gipsen für ihre Prüfung. Alex findet endlich ein Originalglas für Spreewald-Gurken. Baby Paula lernt laufen. Christiane verlässt die Wohnung und trifft auf eine veränderte Welt: Nachbarn und Wagen aus dem Westen. Eine Lenin-Statue fliegt über die Karl-Marx- Allee. Alex und Denis drehen eine neue Ausgabe der "Aktuellen Kamera".
	September	
4.	DDR: Die Bürgerrechtsbewegung besetzt die Stasi-Zentrale. Protest gegen die Verlagerung der Stasi-Akten in die BRD:	Ariane ist schwanger.

12.	Berlin: Der gesamtdeutsche Vertrag wird unterzeichnet. Er garantiert Frieden und Souveränität für das geeinte Deutschland. Die alliierten Hoheitsrechte verlieren am 3. 10. ihre Gültigkeit.	Ausflug zur Datsche im himmelblauen Trabbi von Rainer. Alex möchte seiner Mutter endlich die Wahrheit sagen. Aber die Mutter erzählt die Wahrheit über den Vater. Am Abend hat Christiane einen zweiten Herzinfarkt und muss ins Krankenhaus. Ariane findet alte Briefe vom Vater.
14.		Alex fährt zu seinem Vater und bittet ihn, die Mutter zu besuchen, die im Sterben liegt.
16.		Robert Kerner besucht seine Ex-Frau im Krankenhaus. Alex bittet den Vater, nichts über die politische Wende zu verraten. Lara klärt Christiane über die Wende auf.
20.	BRD/DDR: Die Parlamente verabschieden den Einigungsvertrag.	
	Oktober	
1.		Alex und Denis drehen eine neue Ausgabe der "Aktuellen Kamera", die alles erklären soll. Die DDR soll einen würdigen Abschied bekommen.
2.	BRD/DDR: Die CDU beider Länder schliesst sich zusammen. Kohl wird CDU-Chef.	Alex manipuliert den Kalender im Krankenhaus. Christiane sieht die "Aktuelle Kamera" und erkennt, wie viel Mühe sich ihr Sohn gemacht hat.
3.	D: Deutschland ist wiedervereinigt. Die DDR existiert nicht mehr. Berlin: Grosses Feuerwerk am Brandenburger Tor	

4.	Berlin: Erste Sitzung des Parlaments im Reichstag	
5.	D: Neues Wahlgesetz für die neuen Bundesländer	Christiane stirbt im Krankenhaus.
9.	UdSSR: Das Mehrparteiensystem wird eingeführt.	
15.	Oslo: Gorbatschow erhält den Friedensnobelpreis.	
	November	
8.	USA: Präsident Bush bereitet den ersten Golfkrieg gegen den Irak vor.	
9.	D/UdSSR: Kohl und Gorbatschow unterzeichnen den Vertrag über gute Nachbarschaft, Partnerschaft und Zusammenarbeit.	
10.	D: Die PDS verzichtet auf 80% des SED- Parteivermögens.	
13.	Berlin: Im Osten kommt es bei der Räumung besetzter Häuser zu Strassenschlachten.	Alex schiesst mit einer Rakete die Asche seiner Mutter in den Himmel.
14.	Polen und Deutschland unterzeichnen den Oder-Neisse-Grenzvertrag.	
19.	Paris: Unterzeichnen der Pariser Charta Ende des Kalten Krieges	
29.	New York: Ultimatum der UNO an den Irak	
	Dezember	
1.	Berlin: Haftbefehl gegen Honecker wegen Totschlag (Maueropfer)	
2.	D: Die CDU/CSU siegt bei den ersten Wahlen mit 43.8%.	
15.	Berlin: Letzte "Aktuelle Kamera"	
17.	Berlin: Minister De Maizière tritt zurück.	

20. Berlin: Erste Sitzung des neu gewählten Parlaments im Reichstag

22. Polen: Solidarnosc-Führer Lech Walesa wird neuer Präsident von Polen.

DDR-Alltag

Ostprodukte

In der DDR waren Grundnahrungsmittel und Alltagskonsumgüter sehr billig und hatten meist einen einheitlichen Preis (EVP): Alles andere war sehr teuer. Luxusartikel oder Markenartikel aus dem Westen waren nur in speziellen Geschäften erhältlich.

Weil die meisten Frauen berufstätig waren und wenig Zeit für den Haushalt hatten, gab es schon früh praktische Haushaltsgeräte und Schnellgerichte wie z.B. "Tempobohnen". Das Design spielte keine grosse Rolle, die Artikel mussten praktisch und funktional sein. Nach der Wende verschwanden diese Produkte sehr schnell und die neuen Bundesländer wurden von westlichen Konsumgütern überschwemmt.

Plattenbau

In der DDR herrschte bis am Schluss grosse Wohnungsnot. Deshalb wurde der Wohnungsbau durch Standardisierung forciert. So entstanden verschiedene Wohnungstypen in standardisierten Wohnhäusern: der Plattenbau

Trabant(Trabi)

Das häufigste Automobil in der DDR war der Trabant, ein einfaches Auto mit Kunststoffkarosserie und Zweitaktmotor. Es war klein, ohne Komfort und relativ teuer. Nach der Bestellung musste man 10 bis 15 Jahre bis zur Auslieferung warten. Von 1964 – 1991 produzierte die Automobilfabrik in Zwickau zirka 3 Millionen Trabis.

Junge Pioniere

So hiess die sozialistische Jugend-Organisation der DDR. Kinder von 6 bis 10 Jahren waren Jungpioniere und trugen ein blaues Foulard, Jugendliche von 10 bis 14 Jahren waren Thälmann-Pioniere und trugen ein rotes Halstuch. 95 Prozent der DDR-Jugend waren Mitglieder der Jungen Pioniere.

Aktuelle Kamera(AK)

So hiess die Tagesschau der DDR. Hauptthemen waren Innenpolitik und Wirtschaft, Erfolgsmeldungen aus Sport und Produktion, sowie Nachrichten aus anderen sozialistischen Ländern. Viele DDR-Bürger schauten aber heimlich auch das West-Fernsehen.

Datsche

Die Datsche war ursprünglich ein Gartenhäuschen in einer Gemeinschafts-Gartenanlage. Sehr oft funktionierte die Datsche als Wochenendhäuschen im Grünen.

Politik

Die SED (Sozialistische Einheitspartei) war die einzige zugelassene Partei in der DDR.

Das ZK (Zentralkomitee) der SED segnete die Politik ab.

Das Politbüro der Partei bestimmte die Politik.

Der Parteisekretär war meist auch Staatspräsident.

Die Stasi (Staatssicherheit) war die politische Geheimpolizei. Viele DDR-Bürger waren Informanten der Stasi.

(Nach: "Arbeitsmaterialien für den Unterricht" vom Goethe-Institut Mailand; Copyright @ SUSPI – SLM 2004, http://filmrucksack.supsi.ch)

Fragen zum Zusatzinformationen

1. Ironische Kommentare

Alexander Kerner gibt als Chronist viele ironische Kommentare.

① Lesen Sie die Kommentare. Klären Sie unbekannten Wortschatz.

② Sehen Sie dann den ersten Teil des Films und versuchen Sie zu verstehen, was Alex mit seiner Ironie meint. Beantworten Sie die Fragen.

> "Am 26. August 1978 waren wir auf Weltniveau: Sigmund Jähn, Bürger der Deutschen Demokratischen Republik flog als erster Deutscher ins All."

Wer ist Sigmund Jähn?

Welche Rolle spielt er für den kleinen Alexander?

"Mit unserer Familie aber ginges an diesem Tag so richtig den Bach runter. Meine Mutter wurde so traurig, dass sie aufhörte zu reden. Sie sprach einfach nicht mehr. Nicht mit uns, nicht mit anderen."

Was bedeutet "den Bach runter gehen"?

Was ist in der Familie passiert?

Wer waren die beiden Männer, die mit der Mutter gesprochen haben?

"Nach 8 Wochen kam Mutter wieder nach Hause. Sie war wie verwandelt und das Leben hatte sie zurück. Wir sprachen nie mehr von Vater."

Wo war die Mutter 8 Wochen lang? Warum?

Wo ist der Vater?

"Meine Mutter hat sich von dieser Zeit an mitunserem sozialistischen Vaterland verheiratet. Da diese Beziehung naturgemäss keine sexuellewar, blieb viel Elan und Tatkraft für uns Kinder und den sozialistischen Alltag übrig. Meine Mutterwurde Förderin des gesellschaftlichen Fortschritts, eine leidenschaftliche Aktivistin für dieeinfachen Bedürfnisse der Bevölkerung und gegen die kleinen Ungerechtigkeiten des Lebens."

Was macht die Mutter? Geben Sie einige Beispiele für den unterstrichenen Teil:

2. Wendezeit

① Sehen Sie sich die Szenenbilder an und lesen Sie den Text. Welche Bilder passen zu den Textabschnitten?

A

B

C

D

E

F

G

H

I

© <Good Bye, Lenin!> (Wolfgang Becker, G2003)

Inhaltsangabe:

BildI : Der Film erzählt die Erlebnisse der ostdeutschen Familie Kerner. Der Film beginnt im Sommer 1978, als der Familienvater von einer Dienstreise in den Westen nicht mehr zurückkommt und seine Frau Christiane und die beiden Kinder Alexander und Ariane in der DDR zurücklässt. Christiane wird von zwei Stasi-Beamten befragt. Deswegen erleidet sie einen Schock und muss 8 Wochen lang im Krankenhaus bleiben. Nachdem sie sich von dem Schock wieder erholt hat, beginnt sie, sich für die Arbeit in der sozialistischen Partei zu engagieren und wird eine Muster-Bürgerin der DDR. Sie studiert mit den Kindern sozialistische Lieder und schreibt Eingaben für ihre Nachbarn.

Bild ______ : Elf Jahre später, am 7. Oktober 1989, soll die Mutter anlässlich des 40. Jahrestages der DDR eine Auszeichnung für ihr Engagement im Palast der Republik erhalten.

Bild ______ : Auf dem Weg dorthin wird sie zufällig Zeugin einer Demonstration, an der sich auch Alexander beteiligt. Als sie mit ansieht, wie die Polizei die Demonstranten schlägt und auch Alexander festgenommen wird, bricht sie zusammen, erleidet einen Herzinfarkt und fällt ins Koma.

Bild ______ : Während Christiane im Koma liegt, fällt die Mauer. Vieles ändert sich für die Kerners.

Bild ______ : Alexander macht seine ersten Besuche in Westberlin und erfährt die Freiheit.

Bild ______ : Alexanders Firma muss schließen und er wird Vertreter für Satellitenschüsseln.

Bild ______ : In der neuen Firma lernt er seinen neuen Freund Denis kennen, der ein Hobby-Filmemacher ist und in seiner Freizeit Hochzeits- und Geburtstagsvideos dreht.

Bild ______ : Außerdem verliebt er sich während seiner Krankenhausbesuche in die russische Krankenschwester Lara.

Bild ______ : Seine Schwester Ariane bricht ihr Studium ab und verliebt sich in den Westdeutschen Rainer, der mit in die Wohnung der Familie einzieht.

Im Juni 1990, als Alex zum ersten Mal Lara küsst, wacht Christiane plötzlich nach 8 Monaten aus dem Koma auf.

② Christiane wacht nach 8 Monaten aus dem Koma auf. Lesen Sie das Gespräch mit dem Arzt:

Arzt: Es tut mir leid Ihnen das sagen zu müssen, aber Ihre Mutter ist immer noch sehr gefährdet. Ich kann Ihnen kaum Hoffnungen machen, dass sie die nächsten Wochen überleben wird.

Alex: Na ja, können wir sie denn mit nach Hause nehmen?

Arzt: Ausgeschlossen. Sie ist hier viel besser aufgehoben. Es ist auch viel einfacher für Sie. Einen zweiten Infarkt wird sie nicht überstehen. Sie müssen jegliche Aufregung, ja nur die Gefahr einer Aufregung, von Ihrer Mutter fernhalten. Und wenn ich das sage, dann meine ich jedwede Aufregung, Herr Kerner!

Alex: Jedwede Aufregung.

Arzt: Es ist lebensbedrohlich.

Alex: Und das hier? (zeigt eine Ausgabe der Bild-Zeitung) Ist das kein Grund zur Aufregung? Meine Mutter hat von der Wende nichts mitbekommen. Hier erfährt sie alles sofort.

③ Was ist während der Wendezeit (September 1989 – Sommer 1990) alles passiert? Sammeln Sie Ereignisse, die die Mutter Christiane "verschlafen" hat:

Schreiben

Stellen Sie sich vor, Sie sind Alexander Kerner oder Ariane Kerner. Sie haben den Mauerfall erlebt und leben in der Wende-Zeit. Sie schreiben Ihre Erfahrungen und Erlebnisse in Ihr Tagebuch. Was haben Sie erlebt? Was hat sich in Ihrem Alltag verändert? Was finden Sie gut? Was gefällt Ihnen nicht so gut. Schreiben Sie einen kleinen Eintrag in Ihr Tagebuch.

Berlin, den 4. April 1990

Liebes Tagebuch,
in meinem Leben sind viele neue Dinge passiert.

Lesekurs Deutsch

Glossar

·**Bürgerrechtler, der** – jemand, der sich öffentlich für die Rechte der Menschen und Bürger einsetzt.

·**Datsche, die** – aus dem Russischen "Datscha", ein Grundstück mit einem Garten- oder Wochenendhaus.

·**DDR, die** – die Deutsche Demokratische Republik (1949-1990), auch: Ost-Deutschland.

·**fiktiv** – *Adjektiv*: erfunden; erdacht; angenommen.

·**Herzinfarkt, der** – ein akutes und lebensbedrohliches Ereignis infolge einer Erkrankung des Herzens; auch: Herzschlag, Herzanfall oder Herzattacke.

·**Honecker, Erich** – (1912-1994), deutscher kommunistischer Politiker; vom 3. Mai 1971 bis zum 18. Oktober 1989 war er als Generalsekretär des Zentralkomitees (ZK) der SED (Sozialistische Einheitspartei Deutschlands) der mächtigste Politiker der DDR.

·**Kontrast, der** – der Gegensatz.

·**Kosmonaut, der** - auch: der Astronaut oder Weltraumfahrer.

·**Palast der Republik, der** - ein Gebäude am Marx-Engels-Platz (ab 1994 Lustgarten und Schlossplatz) auf der Spreeinsel im Berliner Stadtbezirk Mitte. Er war Sitz der Volkskammer, bzw. des Parlaments der DDR und wurde von 2006 bis 2008 abgerissen. Im März 2013 begann an seiner Stelle der Wiederaufbau des Berliner Stadtschlosses.

·**Republikflucht, die** – die Flucht aus der Sowjetischen Besatzungszone oder Ost-Berlin und der DDR.

·**Stasi, die** – das Ministerium für Staatssicherheit der DDR (kurz MfS oder umgangssprachlich Stasi), auch Staatssicherheitsdienst (SSD), war der Inlands- und Auslandsgeheimdienst der DDR, die Geheimpolizei und Ermittlungsbehörde für "politische Straftaten".

Glossar

- **umdeuten** – einer Sache eine andere Deutung geben, auch: uminterpretieren oder umwerten
- **verheimlichen** – etwas geheim halten, nicht verraten; dafür sorgen, dass etwas nicht bekannt wird.
- **Wannsee** - ein Ortsteil von Berlin im Bezirk Steglitz-Zehlendorf, der im äußersten Südwesten der Stadt liegt.
- **Wende, die** – ein Wandel in der Gesellschaft und Politik der DDR, der zum Ende der SED-Herrschaft (Sozialistische Einheitspartei Deutschlands) führte und die deutsche Wiedervereinigung möglich machte; auch: friedliche Revolution

7

Philosophie

Lesekurs Deutsch

7. Philosophie

Philosophie des Frühstücks

Ich denke, also bin ich, heißt es bei René Descartes. Aber Descartes irrte sich. Ich bin nicht, weil ich denke, sondern weil ich esse. Ich kann beliebig lange nicht denken, ohne dass ich aufhöre zu sein. Vom Essen kann man das nicht behaupten. Nein! Ich esse, also bin ich!

Ludwig Feuerbach hat das erkannt. Von ihm stammt der Satz: "Der Mensch ist, was er isst." Dahinter steht die Einsicht, dass unser Sein ganz wesentlich von unserer Nahrung abhängt. Die Frage lautet nicht nur, wie der Mensch sein soll. Wir müssen auch fragen, was er essen muss, um so zu werden.

Bei der Frage einer Philosophie der Ernährung spielt gerade das Frühstück eine besondere Rolle. Ist der Tee zu schwach, ist der ganze Tag verdorben. Jeder wird solche oder ähnliche Erfahrungen gemacht haben. Ein hartes Frühstücksei, ein verbrannter Toast **verderben** die Laune.

Bezeichnenderweise heißt es **im Volksmund** "er hat schlecht gefrühstückt", wenn jemand schlecht gelaunt ist.

So mag man denn einwenden, man müsse zwar essen aber nicht unbedingt frühstücken, um zu sein. Doch festhalten lässt sich die Einsicht: Ich frühstücke gut, also bin ich glücklich. Aber was ist ein gutes Frühstück?

Kaffee oder Tee zum Frühstück? Das ist mehr als eine Geschmacksfrage. Es ist ein philosophisches Problem. Die Wahl des Getränkes beruht auf unserem Verhältnis zur Zeit.

Wer Kaffee trinkt, für den ist die Zeit ein Pfeil. Sie lässt sich nicht umkehren. Es gilt, **die Gelegenheit beim Schopf zu packen**. Es ist, als mache die Zeit einen Sprung nach vorn. Wie alle großen Entdeckungen ist auch die des Kaffees nicht das Ergebnis eines **langwierigen** Probierens, sondern einer plötzlichen **Eingebung**. Danach ist nichts mehr wie es war. Der Fortschritt ist **unaufhaltsam**. Der Gang der **Evolution** lässt sich ebenso wenig rückgängig machen wie die Erfindung des Kaffees. Kaffee ist das Getränk des Fortschritts. Denn die Zeit lässt sich nicht umkehren. Ist der richtige Augenblick verpasst, wird es keine zweite Chance mehr geben. Es kommt darauf an, hellwach zu sein. Dabei hilft der Kaffee. Wer ihn am Morgen trinkt, will am Tag nichts verpassen. Die Zeit ist ein Pfeil. Der heutige Tag kehrt nie zurück.

Die Tasse Tee am Morgen dagegen ist ein **Ritual**. Sie feiert den **Kreislauf** der Zeit. (...) In der Philosophie des Frühstücks steht der Tee für

die Ordnung, die sich im Kreislauf der Zeit ausdrückt. Für Platon ahmt die **zyklische** Zeit die Ewigkeit Gottes nach. So wie der Schöpfer ohne Anfang und Ende ist, so läuft bei der Zeit das Ende immer wieder in den Anfang zurück. (…) Um den Tag mit Tee zu beginnen, braucht man Ruhe und **Gelassenheit**. Mit einem Wort: Zeit. Denn Tee will genossen werden, nicht wie der Kaffee im Stehen heruntergegossen. Die Zeit erscheint dem Teetrinker als Kreis, als beständige Wiederholung. Nietzsche begann den Tag mit Tee. Er war von der Wiederkehr des Immergleichen überzeugt. Was auch geschieht, alles wiederholt sich irgendwann. Darin mag eine **Absage** an den Fortschritt liegen, aber auch eine große Beruhigung. Denn es gibt keine verpassten Gelegenheiten. Alles ist gut. Also besteht kein Grund zur Eile.

(Nach: Udo Marquardt, *Spaziergänge mit Sokrates. Große Denker und die kleinen Dinge des Lebens*. München 2000, S. 83-87)

Lernvokabeln

1. Bilden Sie mit jeder unterstrichenen Vokabel zwei Sätze!

Verstehen und Schreiben

1. Finden Sie für jeden Abschnitt eine passende Überschrift!

2. Schreiben Sie eine Zusammenfassung und benutzen Sie dabei die von Ihnen gefundenen Überschriften!

Fragen zum Text

1. Was versteht man unter dem Satz "Der Mensch ist, was er isst"?

2. Welche Mahlzeit steht hier im Mittelpunkt der Frage einer Philosophie der Ernährung?

3. In welcher Situation sagt man den Spruch "Er hat schlecht gefrühstückt"?

4. Was wird bei der Wahl des Getränkes zum Frühstück ausgedrückt?

5. Wie ist das Verhältnis von Kaffee und Zeit?

6. Was braucht ein Teetrinker?

7. Was bedeutet "die zyklische Zeit"?

Aufgabe

1. Beantworten Sie folgende Frage in einem ganzen Satz und begründen Sie Ihre Antwort!

→ *Trinken Sie zum Frühstück lieber Kaffee oder Tee? Stimmt bei Ihnen die Wahl des Getränkes mit Ihrem Charakter überein - sind Sie eher ein "Kaffeetyp" oder ein "Teetyp"? Welche Merkmale aus dem Text passen zu Ihren Charakter?*

Übungen

I. Lesen Sie den folgenden Text und beantworten Sie die Fragen dazu!

Ich denke, also bin ich, heißt es bei René Descartes. Aber Descartes irrte sich. Ich bin nicht, weil ich denke, sondern weil ich esse. Ich kann beliebig lange nicht denken, ohne dass ich aufhöre zu sein. Vom Essen kann man das nicht behaupten. Nein! Ich esse, also bin ich!

Ludwig Feuerbach hat das erkannt. (a) ______ ihm stammt der Satz "Der Mensch ist, was er isst." Dahinter steht die Einsicht, dass unser Sein ganz wesentlich von unserer (b) ______ abhängt. Die Frage lautet nicht nur, wie der Mensch sein soll. Wir müssen auch fragen, was er essen muss, um so zu werden.

1. Welche Präposition passt in die Lücke (a)? ______

① Auf ② Neben
③ Von ④ Zu

2. Welches Wort passt in die Lücke (b)? ______

① Nahrung ② Kultur
③ Erziehung ④ Wohnung

3. Was entspricht dem Text? ______

① Ohne zu essen kann man auch denken.

② Man muss auf den Zusammenhang von Sein und Essen aufmerksam werden.

③ Inzwischen hat die Frage, wie der Mensch sein soll, ihre Bedeutung verloren.

④ René Descartes hat das Essen als eine philosophische Frage betrachtet.

II. Lesen Sie den folgenden Text und beantworten Sie die Fragen dazu!

Bei der Frage einer Philosophie der Ernährung spielt gerade das Frühstück eine besondere Rolle. (a) Ist der Tee zu schwach, ist der ganze Tag verdorben. Jeder wird solche oder ähnliche Erfahrungen gemacht haben. Ein hartes Frühstücksei, ein verbrannter Toast verderben die Laune. Bezeichnenderweise heißt es im Volksmund "er hat schlecht gefrühstückt", wenn jemand schlecht (b) ______ ist.

So mag man denn (c) ______, man müsse zwar essen aber nicht unbedingt frühstücken, um zu sein. Doch festhalten lässt sich die Einsicht: Ich frühstücke gut, also bin ich glücklich. Aber was ist ein gutes Frühstück? Kaffee oder Tee zum Frühstück? Das ist mehr als eine Geschmacksfrage. Es ist ein philosophisches Problem. Die Wahl des Getränkes beruht auf unserem Verhältnis zur Zeit.

4. Übersetzen Sie den Satz (a) ins Koreanische!

______

5. Welches Wort passt in die Lücke (b)?

① Laune

② zu launen

③ gelaunt

④ launend

6. Welches Verb passt in die Lücke (c)?

① zuwenden

② einwenden

③ hinwenden

④ abwenden

7. Was gehört zu einem schlechten Frühstück? Nennen Sie aus dem Text ein Beispiel!

8. Warum ist es ein philosophisches Problem, ob man zum Frühstück Kaffee oder Tee trinkt?

Weil

III. Lesen Sie den folgenden Satz und beantworten Sie die Fragen dazu!

Wer Kaffee trinkt, für den ist die Zeit ein Pfeil. Sie lässt sich nicht umkehren. (a) Es gilt, die Gelegenheit beim Schopf zu packen. (…) Es ist, als mache die Zeit einen Sprung nach vorn. Wie alle großen Entdeckungen ist auch die des Kaffees nicht das Ergebnis eines langwierigen Probierens, sondern einer plötzlichen (b) Eingebung. Danach ist nichts mehr wie es war. Der Fortschritt ist unaufhaltsam. (c) Der Gang der Evolution ist ebenso wenig rückgängig zu machen wie die Erfindung des Kaffees. Kaffee ist das Getränk des Fortschritts. Denn die Zeit lässt sich nicht umkehren. Ist der richtige Augenblick verpasst, wird es keine zweite Chance mehr geben. Es kommt darauf an, hellwach zu sein. Dabei hilft der Kaffee. Wer ihn am Morgen trinkt, will am Tag nichts verpassen. Die Zeit ist ein Pfeil. Der heutige Tag kehrt nie zurück.

9. Übersetzen Sie den Satz (a) ins Koreanische!

   ______________________________.

10. Was ist synonym zu (b)? ______
    ① Ereignis
    ② Idee
    ③ Aufkommen
    ④ Furcht

11. Füllen Sie die folgenden Lücken aus, damit der folgende Satz dem Satz (c) entsprechen kann!
    Der Gang der Evolution ______ ______ ebenso wenig rückgängig ______ wie die Erfindung des Kaffees.

12. Welche Überschrift passt zu diesem Abschnitt? ______
    ① Kaffee als Ergebnis langwierigen Probierens.
    ② Die Zeit ist umkehrbar.
    ③ Kaffee ist das Getränk des Fortschritts.
    ④ Die Evolution ist unaufhaltsam.

IV. Lesen Sie den folgenden Text und beantworten Sie die Fragen dazu!

Die Tasse Tee am Morgen dagegen ist ein Ritual. Sie feiert den Kreislauf der Zeit. In der Philosophie des Frühstücks steht der Tee (a) ______ die Ordnung, die sich im Kreislauf der Zeit ausdrückt. Für Platon ahmt die zyklische Zeit die Ewigkeit Gottes nach. So wie der Schöpfer ohne Anfang und Ende ist, so läuft bei der Zeit das Ende immer wieder in den Anfang zurück. Um den Tag mit Tee zu beginnen, braucht man Ruhe und Gelassenheit. Mit einem Wort: Zeit. Denn Tee will genossen werden, nicht wie der Kaffee im Stehen heruntergegossen. Die Zeit erscheint dem Teetrinker als Kreis, als beständige Wiederholung. Nietzsche begann den Tag mit Tee. Er war von der Wiederkehr des (b) 항상 동일한 것 überzeugt. Was auch geschieht, alles wiederholt sich irgendwann. Darin mag eine Absage an den Fortschritt liegen, aber auch eine große Beruhigung. Denn es gibt keine verpassten Gelegenheiten. Alles ist gut. Also besteht kein Grund zur Eile.

13. Welche Präposition passt in die Lücke (a)?

① neben

② für

③ vor

④ an

14. Setzen Sie ein passendes Wort in die Lücke (b) ein!

15. Was braucht ein Teetrinker?

① Anfang und Ende

② Zeit und Fortschritt

③ Ruhe und Gelassenheit

④ Gelegenheit und Eile

16. Welche Überschrift passt zu diesem Abschnitt? ____

① Eine Tasse Kaffee am Morgen

② Philosophie des Frühstücks

③ Teetrinker und zyklische Zeit

④ Tee als ein Beruhigungsmittel

Grammatik

1. Wandeln Sie die folgenden Sätze in indirekte Rede um!

1) Von ihm stammt der Satz: "Der Mensch ist, was er isst."

Von ihm stammt der Satz, ____.

2) Es heißt im Volksmund: "Er hat schlecht gefrühstückt".

Es heißt im Volksmund, ____.

2. Wandeln Sie die folgenden Sätze in direkte Rede um!

1) So mag man denn einwenden, man müsse zwar essen aber nicht unbedingt frühstücken, um zu sein.

So mag man denn einwenden: "____

____."

2) Die Frage lautet nicht nur, wie der Mensch sein soll.

Die Frage lautet nicht nur: "____."

3) Viele Leute meinen, dass es eine Geschmackssache sei, ob man Kaffee oder Tee zum Frühstück trinken würde.

Viele Leute meinen: "____

____."

Zusatzinformation

Platon (427 v. Chr. - 347 v. Chr.)

Platon war ein griechischer Philosoph, Schüler des Sokrates und Lehrer von Aristoteles und Plotin. Um 387 gründete er in Athen eine Akademie, in der Politiker ausgebildet und auf ihr Amt vorbereitet werden sollten. Seine Philosophie hat er in Form von Dialogen aufgeschrieben.

In dem Dialog *Politeia* begründete Platon seine Staatslehre. In seinem Idealstaat, in dem der Herrscher ein Philosoph sein sollte, gelten Pflichterfüllung und Gerechtigkeitssinn als höchste Tugend, alles wird dem gesellschaftlichen Ganzen untergeordnet. Platon beeinflusste sowohl die christliche als auch die jüdische und arabische Philosophie.

René Descartes (31. März 1596 - 11. Februar 1650)

Descartes war ein französischer Philosoph, Mathematiker, Physiker und Physiologe. Er begründete die moderne Philosophie und revolutionierte das herrschende Welt- und Menschenbild. Descartes gilt als erster systematischer Denker der Neuzeit, ebenso begründete er die analytische Geometrie und formulierte den Fundamentalsatz der Algebra.

Descartes versuchte, die Existenz Gottes und die Realität der Außenwelt zu beweisen. In seiner Lehre von der Erkenntnis zeigte sich Descartes als Begründer des Rationalismus und als Anhänger der Lehre von den angeborenen Ideen. Wichtigste Werke: *Geometrie* (1637), *Abhandlung über die Methode des richtigen Vernunftgebrauchs und der wissenschaftlichen Wahrheitsfindung* (1637), *Anfang der Philosophie* (1644).

Ludwig Feuerbach (28. Juli 1804 - 13. September 1872)

Feuerbach war ein deutscher Philosoph und Anthropologe, dessen Religions- und Idealismuskritik bedeutenden Einfluss auf die Bewegung des Vormärz hatte und einen Erkenntnisstandpunkt formulierte, der für die modernen Humanwissenschaften, wie zum Beispiel die Psychologie und Ethnologie, grundlegend geworden ist.

Auf der Höhe seines wissenschaftlichen Ruhmes wurde Feuerbach mit seinem Hauptwerk *Das Wesen des Christentums* (1841) sowie seinen *Vorläufigen Thesen zur Reformation der Philosophie* (1842) und seinen *Grundsätzen der Philosophie der Zukunft* (1843) zu einem der bedeutendsten Vertreter des philosophischen und freigeistigen Fortschritts in Deutschland.

Friedrich Nietzsche (15. Oktober 1844 - 25. August 1900)

Nietzsche war ein deutscher Philosoph, Dichter und klassischer Philologe. Er wurde 1844 im sächsischen Röcken bei Lützen geboren und studierte von 1864-1865 klassische Philologie in Bonn und Leipzig. Mit 25 Jahren wurde er außerordentlicher Professor der klassischen Philologie in Basel.

In seinem Hauptwerk *Also sprach Zarathustra* (1883-1885) erläuterte Friedrich Nietzsche die Phasen der menschlichen Entwicklung, die er mit dem Gedanken der ewigen Wiederkehr verband. Er lehnte das Christentum ab mit der Begründung, dass es eine "Sklavenmoral" schaffe. Nietzsches Bedeutung liegt darin, dass er das spekulative Denken ablehnte und seine Philosophie direkt auf das Leben zu beziehen versuchte. 1889 brach seine Geisteskrankheit vollends aus, er kam in die Irrenanstalt in Basel. Er lebte seit 1897 in geistiger Umnachtung in Weimar, wo er am 25.08.1900 starb.

Glossar

·**Absage, die** – Ablehnung, Zurückweisung

·**bezeichnenderweise** – wie es für jn. oder etwas bezeichnend, typisch ist

·**die Gelegenheit beim Schopf packen** - eine plötzlich entstehende Gelegenheit entschlossen ausnutzen

·**Eingebung, die** – eine plötzliche Idee

·**Evolution, die** – hier: langsame, bruchlos fortschreitende Entwicklung

·**Gelassenheit, die** – gelassene Haltung (gelassen: das seelische Gleichgewicht bewahrend, beherrscht, ruhig, gefasst)

·**im Volksmund** – hier: in der Alltagssprache oder Umgangssprache benutzte Redewendung

·**Kreislauf, der** – sich stets wiederholende, zu ihrem Ausgangspunkt zurückkehrende Bewegung

·**langwierig** – lange Zeit beanspruchend

·**Ritual, das** – wiederholtes, immer gleichbleibendes, regelmäßiges Vorgehen nach einer festgelegten Ordnung

·**unaufhaltsam** – sich nicht aufhalten lassend

·**verderben** – hier : schlecht machen

·**zyklisch** – immer wiederkehrend

Lesekurs Deutsch

8

Politik

Lesekurs Deutsch

8. *Politik*

Krieg in Gaza und im Internet

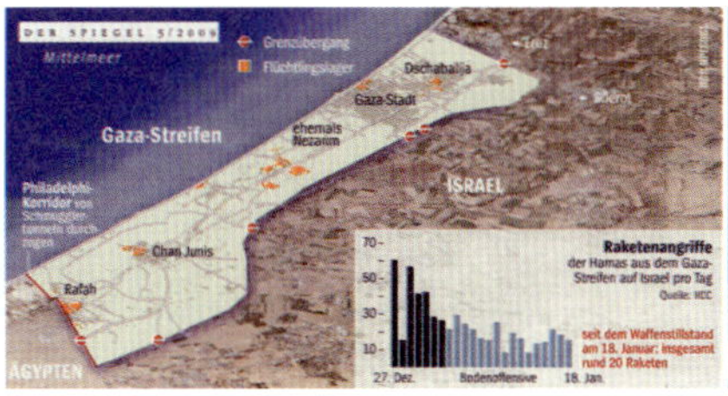

Das Internet ist ein Medium, dessen Macht wächst. Das hat zum Beispiel der amerikanische **Wahlkampf** gezeigt. Auch im **Gaza-Konflikt** versuchen beide Seiten, die Weltöffentlichkeit von ihrer Version des blutigen Krieges zu überzeugen. Dies geschieht, indem sie Bilder zeigen, die Schrecken und Unwahrheiten verbreiten. Portale wie YouTube, flickr oder Facebook zeigen nicht nur, was im **Gaza-Streifen** und in Israel passiert. Sie werden auch zu Werkzeugen, die man gut zu **Propaganda**-zwecken einsetzen kann.

Portale, die ursprünglich für den Austausch von Musikvideos, für die Fachgespräche von Fotografen und Designern oder für das Wiederfinden alter Freunde geschaffen wurden, werden seit Kriegsbeginn von Kriegsbildern **überflutet**. Sich aus den hunderttausendfachen Bildern und Kommentaren ein Bild zu machen, das der Wahrheit entspricht, ist fast unmöglich.

Am Anfang waren es vor allem einzelne Eindrücke von den Kampfhandlungen, die **hochgeladen** wurden. Inzwischen nutzen beide Kriegsparteien diese Internetseiten immer mehr für ihren **medialen Krieg**. Die israelische Außenministerin Zipi Livni hat sich vor einigen Tagen über Berichte beklagt, die von dem arabischen Nachrichtensender Al-Dschasira gesendet wurden. Doch die israelischen Berichte sind ebenfalls sehr propagandistisch.

Hat YouTube in der letzten Woche noch Kriegsvideos, die **gezielt** vom israelischen Verteidigungsministerium dort **veröffentlicht** wurden, aus dem **Netz** genommen, so geschieht das inzwischen nicht mehr. Videos, die von Millionen von Nutzern in aller Welt angeklickt werden, zeigten etwa den gezielten Beschuss eines Transporters, den palästinensische Kämpfer gerade mit Raketen beladen. Wie die israelische **Menschenrecht**sorganisation Betselem nun berichtete, handelte es sich bei den vermeintlichen Raketen um Sauerstoffflaschen. Und die angeblichen Terroristen waren einfache **Zivilisten**, die ihr Hab und Gut in Sicherheit brachten. Der Angriff tötete acht Menschen.

Gibt man bei den einzelnen Suchmaschinen Wörter wie "Gaza" oder "Israel" ein, finden sich Hunderte solcher vermeintlicher Kriegsberichte, die oft gezielt von israelischer Seite **mit Informationen unterfüttert** werden. Sie sollen die Zerstörung von Hamas-Tunnelsystemen, Waffenlagern und Raketen zeigen. Der Beweis fehlt oft.

Auch in Diskussionsforen werden Unwahrheiten verbreitet und Meinungen gezielt beeinflusst. Eine Pressesprecherin des israelischen Verteidigungsministeriums sagte dazu, man betrachte das Internet ebenso als Kriegsgebiet, das heiß umkämpft sei. Die israelische Armee ist die einzige weltweit, die einen eigenen YouTube-Channel besitzt. Die israelische Botschaft in New York sendet außerdem aus einem Twitter-"Pressezentrum".

Bei der Hamas hat in den vergangenen Tagen die Internetpräsenz ebenfalls deutlich zugenommen. Mit eigenen Seiten versucht sie besonders im arabischen Raum, gezielt Propaganda zu machen. Darüber hinaus werden **Hacker** beauftragt. Sie sollen die israelischen Internetportale zerstören.

Auch unter den Nutzern, die den virtuellen Krieg verfolgen, verhärten sich die Fronten. Unzumutbare Kommentare wie "Drecksjuden" oder Vergleiche mit Nazigräueltaten unter diversen YouTube-Videos zeigen dies.

(Nach einem Artikel von Christian Weiss,
ZEIT ONLINE, 02.01.2009)

Lernvokabeln

1. Bilden Sie mit jeder unterstrichenen Vokabel zwei Sätze!

Verstehen und Schreiben

1. Finden Sie für jeden Abschnitt eine passende Überschrift!

2. Schreiben Sie eine Zusammenfassung und benutzen Sie dabei die von Ihnen gefundenen Überschriften!

Fragen zum Text

1. Wozu und auf welche Weise wird das Internet missbraucht?

2. Zu welchem Zweck waren Portale wie "YouTube" und "flickr" eigentlich gedacht?

3. Wer oder was ist "Al-Dschasira"?

4. Was wurde in einem Video gezeigt, das sehr viele Internetnutzer gesehen haben?

5. Entsprechen solche Berichte der Wahrheit? Was sagt der Text dazu?

6. Wie reagieren die Internetnutzer zum Teil auf den virtuellen Krieg?

7. Welche zwei Parteien bekämpfen sich im Krieg um Gaza?

8. Ordnen Sie die folgenden Wörter den beiden Seiten zu: Al-Dschasira, ZipiLivni, Betselem, Hamas.

9. Wie kämpfen die Parteien gegeneinander?

10. Welche Rolle spielt das Internet dabei?

Aufgaben

1. Fassen Sie mit eigenen Worten zusammen, auf welche Weise Israel und Palästina ihren Krieg im Internet führen!

2. Welche der folgenden Aussagen treffen zu, welche nicht? Korrigieren Sie die falschen Aussagen!
   1) Der Kampf zwischen Israel und Palästina wird auch im Internet geführt.
   2) Das Internet ist ein objektives Medium.
   3) Das Portal "YouTube" ist von einer Firma in Jerusalem gekauft worden.
   4) Propaganda wird ausschließlich bei "flickr" gemacht.
   5) "Facebook" ist ein Portal, das nur zeigt, was in Israel passiert.
   6) "Betselem" ist eine internationale Organisation zur Bekämpfung von Terror.
   7) Kriegsberichte im Internet entsprechen der Wahrheit und sind glaubwürdig.
   8) Die Hamas beauftragt Hacker, israelische Portale anzugreifen.
   9) Auch Neonazis beteiligen sich am virtuellen Kampf zwischen den Palästinensern und Israelis.

Übungen

I. Lesen Sie den folgenden Text und beantworten Sie die Fragen dazu!

Am Anfang waren es vor allem einzelne Eindrücke von den Kampfhandlungen, die hochgeladen wurden. Inzwischen nutzen beide Kriegsparteien diese Internetseiten immer mehr für ihren (a) medialen Krieg. Die israelische Außenministerin Zipi Livni hat sich vor einigen Tagen (b) über Berichte beklagt, die von dem arabischen Nachrichtensender Al-Dschasira gesendet wurden. Doch die israelischen Berichte sind ebenfalls sehr propagandistisch.

Hat YouTube in der letzten Woche noch Kriegsvideos, die gezielt vom israelischen Verteidigungsministerium dort veröffentlicht wurden, aus dem Netz genommen, so geschieht das inzwischen nicht mehr. Videos, die von Millionen von Nutzern in aller Welt angeklickt werden, zeigten etwa den gezielten Beschuss eines Transporters, den palästinensische Kämpfer gerade mit Raketen beladen. Wie die israelische Menschenrechtsorganisation Betselem nun berichtete, handelte es sich bei den vermeintlichen Raketen um Sauerstoffflaschen. Und die angeblichen Terroristen waren einfache Zivilisten, die ihr (c) Hab und Gut in Sicherheit brachten. Der Angriff tötete acht Menschen.

1. Warum ist (a) der mediale Krieg problematisch?

① Weil er technisch zu umständlich ist.

② Weil er zeitverschwenderisch ist.

③ Weil er der Wahrheit nicht entspricht.

④ Weil er kostspielig ist.

2. Wandeln Sie den Satzteil (b) in eine Partizipialkonstruktion um!

über ______________________________ Berichte beklagt.

3. Was bedeutet der Ausdruck (c)? ______

① Bildung

② Familie

③ Gesundheit

④ Vermögen

4. Welche der folgenden Aussagen entspricht dem Text? ______

① Israel behauptete, dass der Transporter von den palästinensischen Kämpfern mit Raketen beladen worden sei.

② Betselem berichtete, dass der Transporter mit Raketen und Sauerstoffflaschen beladen worden sei.

③ Israelische Kämpfer wurden von palästinensischen Terroristen ermordet.

④ Palästinensische Terroristen wurden von israelischen Soldaten getötet.

II. Lesen Sie den folgenden Text und beantworten Sie die Fragen dazu!

(a) Gibt man bei den einzelnen Suchmaschinen Wörter wie "Gaza" oder "Israel" ein, finden sich Hunderte solcher vermeintlicher Kriegsberichte, die oft gezielt von israelischer Seite mit Informationen unterfüttert werden. Sie sollen die Zerstörung von Hamas-Tunnelsystemen, Waffenlagern und Raketen zeigen. Der Beweis fehlt oft.

Auch in Diskussionsforen werden Unwahrheiten verbreitet und Meinungen gezielt beeinflusst. Eine Pressesprecherin des israelischen Verteidigungsministeriums sagte dazu, man betrachte das Internet ebenso als (b) heiß umkämpftes Kriegsgebiet.

Bei der Hamas hat in den vergangenen Tagen die Internetpräsenz, ebenfalls deutlich zugenommen. Mit eigenen Seiten versucht sie besonders im arabischen Raum, gezielt Propaganda zu machen. Darüber hinaus werden Hacker beauftragt, die israelischen Internetportale zu zerstören.

(c) Auch unter den Nutzern, die den virtuellen Krieg verfolgen, verhärten sich die Fronten. Unzumutbare Kommentare wie "Drecksjuden" oder Vergleiche mit Nazigräueltaten unter diversen YouTube-Videos zeigen dies.

5. Ergänzen Sie die Lücke mit einer passenden Konjunktion!

______ man bei den einzelnen Suchmaschinen Wörter wie "Gaza" oder "Israel" eingibt, ...

6. Wandeln Sie die Partizipialkonstruktion (b) in einen Relativsatz um!

Kriegsgebiet, ______________________.

7. Welche der folgenden Aussagen entspricht nicht dem Text?

① Der Kampf zwischen Israel und Palästina wird auch im Internet geführt.

② Die Hamas beauftragt Hacker, die israelischen Portale anzugreifen.

③ Auch Neonazis zum Beispiel beteiligen sich am virtuellen Kampf im Gazagebiet.

④ Auf jeden Fall entsprechen Kriegsberichte im Internet der Wahrheit.

8. Übersetzen Sie den Satz (c) ins Koreanische!

Grammatik

1. Unterstreichen Sie die Relativsätze in dem Text!

2. Wandeln Sie die letzten drei Abschnitte ins Präteritum um!

Glossar

·**Gaza-Konflikt, der** – Krieg zwischen Palästina und Israel

·**Gaza-Streifen, der** – Küstengebiet am östlichen Mittelmeer zwischen Israel und Ägypten

·**gezielt** – mit Absicht, bewusst

·**Hacker, der** – nach allgemeinem Verständnis ein überaus talentierter Computerspezialist, der insbesondere Sicherheitsbarrieren überwinden und in fremde Systeme eindringen kann.

·**hochladen** – engl.: upload

·**medialer Krieg** – Kampf, der in den Medien geführt wird.

·**Menschenrecht, das** – unabdingbares Recht des Menschen auf freie und allseitige Entfaltung seiner Persönlichkeit in einem Staatswesen (englisch: human right)

·**mit Informationen unterfüttern** – hier: eine Meinung systematisch mit Informationen oder Behauptungen stützen

·**Netz, das** – hier: das Internet (englisch: the web)

·**Propaganda, die** – Informationen, die besonders politische Parteien verbreiten, um Meinungen zu beeinflussen und zu manipulieren

·**überfluten** – hier: überhäufen, man bekommt sehr viel oder zu viel von etwas

·**veröffentlichen** – publizieren

·**Wahlkampf, der** – Kampf einzelner Parteien um Stimmen bei der Wahl

·**Zivilist, der** – Bürger (im Gegensatz zum Soldaten)

Lesekurs Deutsch

9

Literatur II

Lesekurs Deutsch

9. Literatur II

Legende von der Entstehung des Buches Tao Te King auf dem Weg des Laotse in die Emigration

I. Als er Siebzig war und war gebrechlich
Drängte es den Lehrer doch nach Ruh
Denn die Güte war im Lande wieder einmal schwächlich
Und die Bosheit nahm an Kräften wieder einmal zu.
Und er gürtete den Schuh.

II. Und er packte ein, was er so brauchte:
Wenig. Doch es wurde dies und das.
So die Pfeife, die er abends immer rauchte
Und das Büchlein, das er immer las.
Weißbrot nach dem **Augenmaß**.

III. Freute sich des Tals noch einmal und vergaß es
Als er ins Gebirg den Weg einschlug.
Und sein Ochse freute sich des frischen Grases
Kauend, während er den Alten trug.
Denn dem ging es schnell genug.

IV. Doch am vierten Tag im Felsgesteine
Hat ein **Zöllner** ihm den Weg verwehrt:
"Kostbarkeiten zu **verzollen**?" – "Keine."
Und der Knabe, der den Ochsen führte, sprach: "Er hat gelehrt."
Und so war auch das erklärt.

V. Doch der Mann in einer heitren Regung
Fragte noch: "Hat er was rausgekriegt?"
Sprach der Knabe: "Dass das weiche Wasser in Bewegung
Mit der Zeit den harten Stein besiegt.
Du verstehst, das Harte unterliegt."

VI. Dass er nicht das letzte Tageslicht verlöre
Trieb der Knabe nun den Ochsen an
Und die drei verschwanden schon um eine schwarze **Föhre**
Da kam plötzlich Fahrt in unsern Mann
Und er schrie: "He, du! Halt an!

VII. Was ist das mit diesem Wasser, Alter?"
Hielt der Alte: "Interessiert es dich?"
Sprach der Mann: "Ich bin nur Zollverwalter
Doch wer wen besiegt, das interessiert auch mich.
Wenn du's weißt, dann sprich!

VIII. Schreib mir 's auf! Diktier es diesem Kinde!
So was nimmt man doch nicht mit sich fort.
Da gibt 's doch Papier bei uns und Tinte
Und ein Nachtmahl gibt es auch: ich wohne dort.
Nun, ist das ein Wort?"

IX. Über seine Schulter sah der Alte
Auf den Mann: **Flickjoppe**. Keine Schuh.
Und die Stirne eine einzige Falte.
Ach, kein Sieger trat da auf ihn zu.
Und er murmelte: "Auch du?"

X. Eine höfliche Bitte **abzuschlagen**
War der Alte, wie es schien, zu alt.
Denn er sagte laut: "Die etwas fragen
Die verdienen Antwort." Sprach der Knabe: "Es wird auch schon kalt."
"Gut, ein kleiner Aufenthalt."

XI. Und von seinem Ochsen stieg der Weise
Sieben Tage schrieben sie zu zweit.
Und der Zöllner brachte Essen (und er fluchte nur noch leise
Mit den **Schmugglern** in der ganzen Zeit).
Und dann war's soweit.

XII. Und dem Zöllner **händigte** der Knabe
Eines Morgens einundachtzig Sprüche **ein**.
Und mit Dank für eine kleine **Reisegabe**
Bogen sie um jene Föhre ins Gestein.
Sagt jetzt: kann man höflicher sein?

XIII. Aber rühmen wir nicht nur den Weisen
Dessen Name auf dem Buche **prangt**!
Denn man muss dem Weisen seine Weisheit erst entreißen.
Darum sei der Zöllner auch bedankt:
Er hat sie ihm abverlangt.

(Bertolt Brecht, 1937)

Lernvokabeln

1. Bilden Sie mit jeder unterstrichenen Vokabel zwei Sätze!

Verstehen und Schreiben

1. Was ist die Lehre des Weisen? Schreiben Sie die wichtigsten Sätze auf!

Fragen zum Text

1. Welches der folgenden Verben passt in die Lücken? Setzen Sie die richtigen Formen ein!

abverlangen, anhalten, aufhalten, aufschreiben, entreißen, entstehen, erklären, führen, vermitteln, zusammenpacken

Das Gedicht erzählt, wie der Weise Laotse im hohen Alter seine Heimat verlässt, weil er mit den Zuständen dort nicht einverstanden ist. Er ______ seine wenige Habe ______ und auf einem Ochsen reitend, der von einem Jungen ______ wird, verlässt er das Land. Am vierten Tag wird er von einem Zöllner ______, der ihn zunächst fragt, ob er etwas zu verzollen habe. Laotse aber ist arm, was der Junge ______ kann: "Er hat gelehrt." Das weckt die Neugier des Zöllners und er bittet den Weisen, seine Lehren ______. Auf diese Weise ______ das Buch Tao Te King, quasi als Zoll. Am Ende steht ein Dank an den Zöllner:

Darum sei der Zöllner auch bedankt: Er hat sie (= die Weisheit) ihm ______.

Während in den ersten zehn Strophen ausschließlich die Rede von einem Lehrer bzw. weitaus öfter noch von einem Alten ist, ändert sich dies schlagartig mit Laotses Entscheidung sich ______ und sein Wissen zu ______. Von dieser Entscheidung an (Und von seinem Ochsen stieg der Weise) ist nur noch von einem Weisen die Rede. Für Brecht ist Weisheit somit durch zwei Dinge geprägt: Wissen und die Bereitschaft, dem Weisen Wissen zu ______.

Aufgabe

1. Kann die Lehre des Weisen ein Trost sein? Formulieren Sie schriftlich Ihre Meinung dazu!

Übungen

I. Lesen Sie den folgenden Text und beantworten Sie die Fragen dazu!

Als er Siebzig war und war gebrechlich
Drängte es den Lehrer doch nach Ruh
Denn die Güte war im Lande wieder einmal schwächlich
Und die Bosheit nahm (a) ______ Kräften wieder einmal zu.
(b) Und er gürtete den Schuh.
[…]
Doch am vierten Tag im Felsgesteine

Hat ein Zöllner ihm den Weg verwehrt:

"Kostbarkeiten zu verzollen? " - "Keine."

Und der Knabe, der den Ochsen führte, sprach: "Er hat gelehrt."

(c) Und so war auch das erklärt.

[…]

Doch der Mann in einer heitren Regung

Fragte noch: "Hat er was rausgekriegt?"

Sprach der Knabe: "Dass das weiche Wasser in Bewegung

Mit der Zeit den harten Stein besiegt.

Du verstehst, das Harte unterliegt."

[…]

Schreib mir's auf! Diktier es diesem Kinde!

(d) So was nimmt man doch nicht mit sich fort.

Da gibt's doch Papier bei uns und Tinte

Und ein Nachtmahl gibt es auch: ich wohne dort.

Nun, ist das ein Wort?

1. Welche der folgenden Aussagen entspricht der Lehre, von der der Knabe sprach?

① Mit der Zeit gewinnt das Harte in jedem Wettstreit.

② Mit der Zeit wird das Weiche im Kampf mit dem Harten Sieger.

③ Das Weiche soll sich von Anfang an dem Harten ergeben.

④ Das Harte soll immer bereit sein, dem Weichen zu unterliegen.

2. Setzen Sie die passende Präposition in die Lücke (a) ein!

① in ② an ③ bei ④ aus

3. Was versteht man unter dem Vers (b)?

① Er hat die Schuhe eingepackt.

② Die Schnürsenkel der Schuhe waren schmutzig.

③ Er hat sich auf die Reise vorbereitet.

④ Seine Schuhe waren zu alt.

4. Was bedeutet "das" im Vers (c)?

① Der Lehrer erklärt das.

② Der Lehrer ist reich.

③ Der Lehrer hat keine Kostbarkeiten dabei.

④ Der Knabe ist arm.

5. Worauf weist der Satzteil (d) hin?

① Auf Papier und Tinte.

② Auf ein Nachtmahl und die Reisegabe.

③ Auf den Knaben und das Wort.

④ Auf die Lehre des Weisen.

II. Lesen Sie den folgenden Text und beantworten Sie die Fragen dazu!

Über seine Schulter sah der Alte
Auf den Mann: Flickjoppe. Keine Schuh.
Und die Stirne eine einzige Falte.
Ach, kein Sieger trat da auf ihn zu.
Und er murmelte: "Auch du?"
[…]
Und dem Zöllner händigte der Knabe
Eines Morgens (a) einundachtzig Sprüche ein.
Und mit Dank für eine kleine Reisegabe

Bogen sie um jene Föhre ins Gestein.
Sagt jetzt: kann man höflicher sein?

Aber rühmen wir nicht nur den Weisen
Dessen Name auf dem Buche prangt!
Denn man muss dem Weisen seine Weisheit erst entreißen.
(b) Darum sei der Zöllner auch bedankt:
Er hat sie ihm abverlangt.

6. Welche der folgenden Aussagen entspricht der Beschreibung des Zöllners?

① Keiner kann erfolgreicher als der Zöllner sein.

② Er hat im Krieg gesiegt.

③ Er trägt eine Seidenjacke.

④ Er ist kein reicher Mann.

7. Worauf weist der Satzteil (a) nicht hin?

① Auf Tao Te King. ② Auf die Lehre.

③ Auf die Weisheit. ④ Auf die Legende.

8. Was bedeutet der Satz (b)?

① Deshalb braucht man dem Zöllner nicht zu danken.

② Darum soll man sich auch bei dem Zöllner bedanken.

③ Aus diesem Grund soll der Zöllner dem Weisen danken.

④ Deswegen soll der Weise dem Zöllner danken.

Grammatik

1. Unterstreichen Sie die trennbaren Verben!

Zusatzinformation

Laotse (chinesisch: 老子, Laozi, auf deutsch: 'Alter Meister')

Laotse war ein in bedeutender chinesischer Philosoph und Religionslehrer, der im 6. Jahrhundert v. Chr. gelebt haben soll. Er diente als Archivar in der Bibliothek der Zhou. Als er Chaos und den Verfall des Reiches vorhersah, verließ er das Land. Er war der Begründer des Taoismus. der den Menschen u.a. durch Nächstenliebe und Selbstbesinnung den rechten Weg zeigen will.

Laotse lehrte, dass Tao, der Weg des Absoluten und des Nicht-Seins, durch die Tugenden Enthaltsamkeit, Demut und Mitleid erlangt werden kann. Diese Lehre hat sich zum Taoismus weiterentwickelt. Das Tao Te King, der einflussreichste taoistische Text, wird ihm zugeschrieben.

Bertolt Brecht (10.2.1898 - 14.8.1956)

Brecht war ein einflussreicher deutscher Dramatiker und Lyriker des 20. Jahrhunderts. Er wurde als Sohn eines leitenden kaufmännischen Angestellten in Augsburg geboren. Sein Stil und seine Sprache übten großen Einfluß auf die moderne Dichtung aus.

Brechts episches Theater, das mit Verfremdungen arbeitete, sollte kritisches Bewusstsein wecken und zu gesellschaftlicher "Änderung" führen. Gegenüber den Lehrstücken gewann in seinen späteren Werken das ästhetische Element wieder neue Bedeutung. Sowohl in den Dramen wie in der Lyrik Brechts spielen neben der sozialen Kritik auch andere Motive, besonders Mitleid mit dem Menschen, eine Rolle. In dem 1949 in Ost-Berlin gegründeten "Berliner Ensemble" schuf sich Brecht zusammen mit seiner Frau Helene Weigel eine Experimentierbühne; seine Inszenierungen erlangten Weltruhm.

Glossar

·**abschlagen** – hier: jm. etwas ablehnen

·**Augenmaß, das** – Fähigkeit, mit dem Auge ein Maß zu bestimmen

·**einhändigen** – jm. etwas übergeben, reichen

·**Flickjoppe, die :** eine mit einem Stück Stoff ausgebesserte Jacke

·**Flicken, der** – ein Stück Stoff, Leder, Gummi zum Ausbessern

·**Joppe, die** – taillenlose Jacke aus dickem Wollstoff oder Loden, besonders für Männer

·**Föhre, die** – die Kiefer

·**prangen** – hier: an einer bestimmten Stelle groß und auffällig angebracht sein

·**Reisegabe, die** – etwas, was man jm. auf eine Reise mitgibt

·**Schmuggler, der** – jemand, der zollpflichtige Dinge heimlich ins Land bringt oder ausführt

·**verzollen** – für etwas Zoll bezahlen

·**Zöllner, der** – Angestellter einer Zolldienststelle

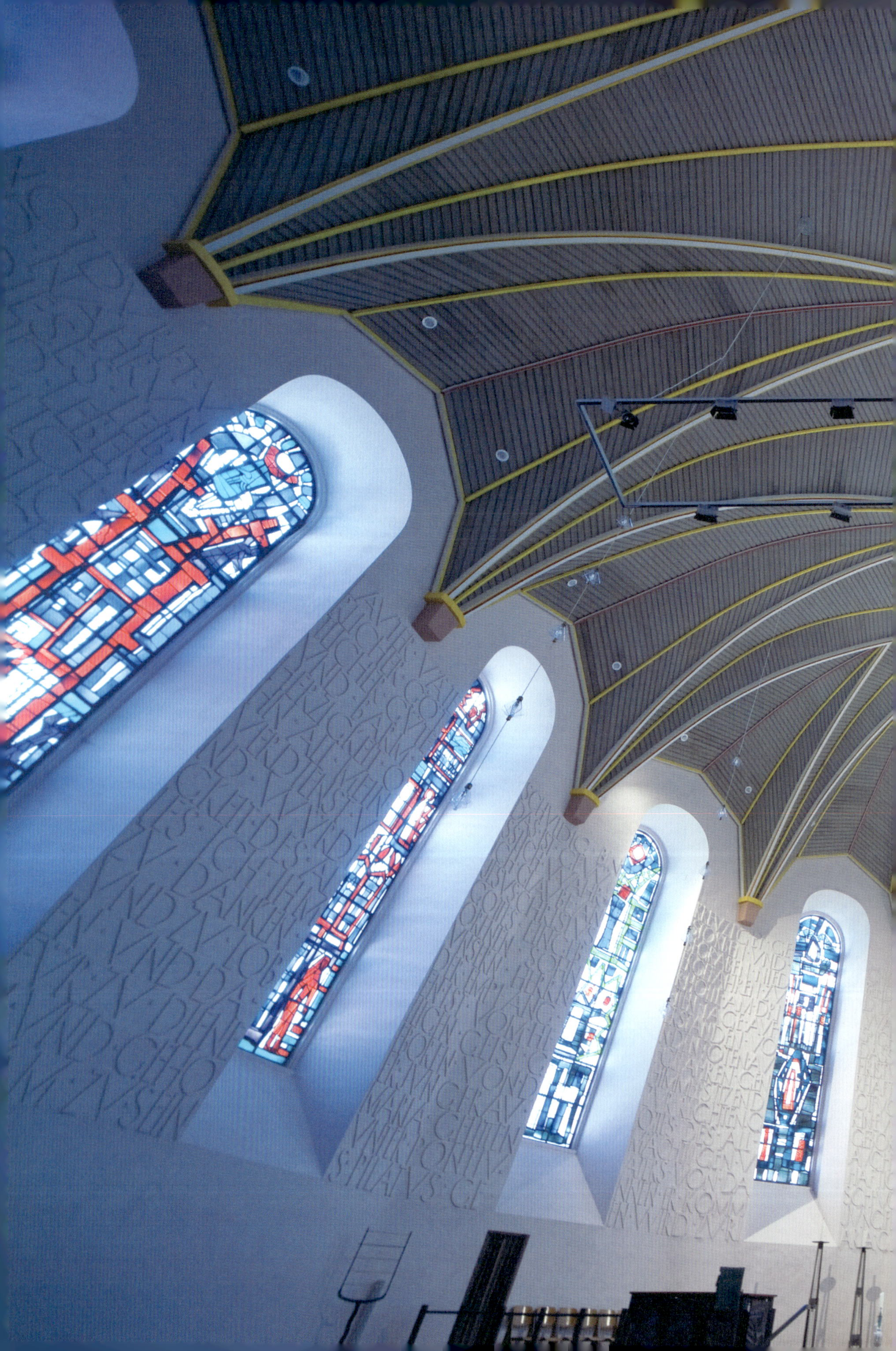

10 Technik

Lesekurs Deutsch

10. Technik

Serviceroboter MARGe und BARt-UH schon bald im Einsatz - Mechatronik macht es möglich

Das Mechatronik-Zentrum der Universität Hannover wurde 2000 als Innovationsprojekt gegründet. Durch die interdisziplinäre Zusammenarbeit der Fachbereiche Maschinenbau, Elektrotechnik/Informationstechnik und neuerdings Informatik werden Kompetenzen in Forschung und Lehre zusammengefasst und neue Anwendungsgebiete geschaffen.

MARGe und BARt-UH sehen sich auf den ersten Blick nicht wirklich ähnlich, dabei haben sie doch einiges gemeinsam. Beide wurden produziert, um mühsame oder gefährliche Aufgaben im Dienstleistungsbereich zu übernehmen, und beide arbeiten ohne Versorgungsleitungen ganz selbständig. Die Steuerung findet auf den Rechnern der Roboter statt. Dennoch unterscheiden sie sich. MARGe ist ein mobiler Roboter auf Rädern, der sich um die eigene Achse und zur Seite drehen kann. Sein

Motor ist stark und groß genug, um zum Beispiel schwere Transportbehälter oder Krankenhausbetten zu schieben. Aber sein "Bruder" BARt-UH bewegt sich auf zwei Beinen vorwärts, die mit drei Gelenken ausgestattet sind. Dadurch kann er auch in unebenem Gelände eingesetzt werden. Er kann außerdem Treppen steigen und Hindernisse überwinden. Vielleicht kann er eines Tages Menschen aus Flammen und Feuer retten, wenn es für Feuerwehrleute zu gefährlich wird.

Diese beiden Serviceroboter sind Beispiele für das, was die Mechatronik ermöglicht. Sie wurden am Mechatronik-Zentrum der Universität Hannover entwickelt, das 2000 als Innovationsprojekt gegründet wurde. Mechatronik, die Verbindung von Mechanik und Elektronik, meinte ursprünglich die Ergänzung mechanischer Elemente durch die Elektronik, beispielsweise bei der Entwicklung moderner Spiegelreflexkameras. Daraus hat sich inzwischen eine Ingenieurswissenschaft entwickelt, die die klassischen Disziplinen Mechanik (Technische Mechanik, Maschinenbau, Feinwerktechnik), Elektrotechnik (Mikroelektronik, Leistungselektronik, Messtechnik, Aktorik) und Informatik (Systemtheorie, Prozessdatenverarbeitung, künstliche Intelligenz) verknüpft und damit eine verbesserte Funktionalität technischer Systeme erreicht.

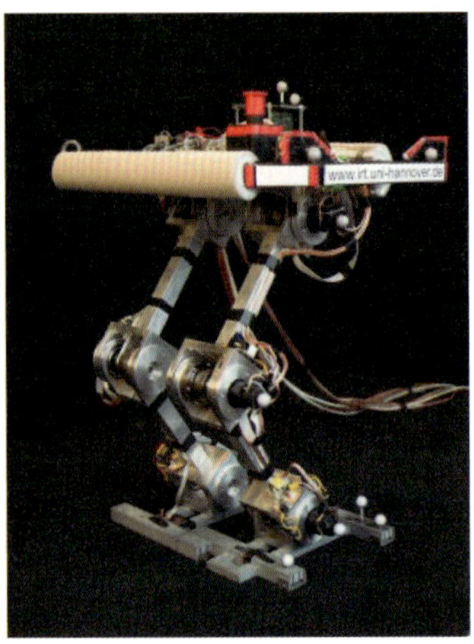

Im Mechatronik-Zentrum der Universität Hannover wird dieser interdisziplinäre Ansatz erfolgreich praktiziert.

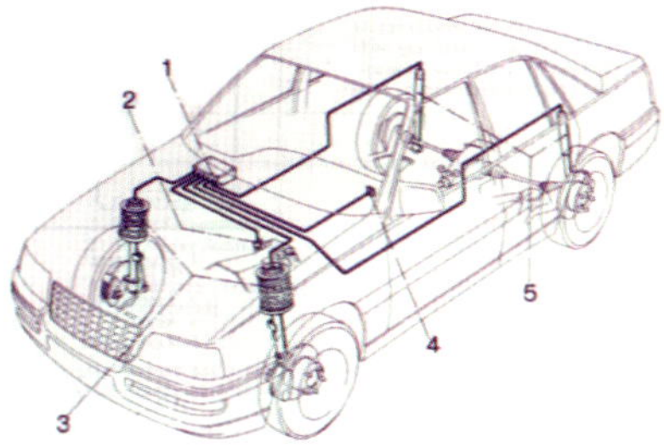

Sieben Institute aus den drei Fachbereichen und in Kürze auch das neue Produktionstechnische Zentrum Hannover forschen dort an Arbeitsgebieten wie autonome, mobile Roboter für Serviceanwendungen, Mechatronik im Kraftfahrzeug etc. Es geht um Roboter wie MARGe und BARt-UH, die erst in der Zukunft wirklich gut entwickelt und kostengünstig zu produzieren sein werden. Und es geht auch um Bereiche, die heute schon das tägliche Leben betreffen. So entwickeln die Hannoveraner Forscher beispielsweise einen Stoßdämpfer mit regelbarer Dämpfungskraft für Autos, um den Konflikt zwischen höchster Fahrsicherheit und maximalem Fahrkomfort zu lösen. Der Stoßdämpfer muss sich der jeweiligen Fahrsituation schnell anpassen, da Bremsen und Kurven eine harte Dämpfung erfordern, während der Komfort auf unebenen Wegen durch eine weiche Dämpfung erhöht werden kann. Die Ergebnisse dieses Forschungsprojektes können vielleicht auch irgendwann unseren Freund MARGe verbessern.

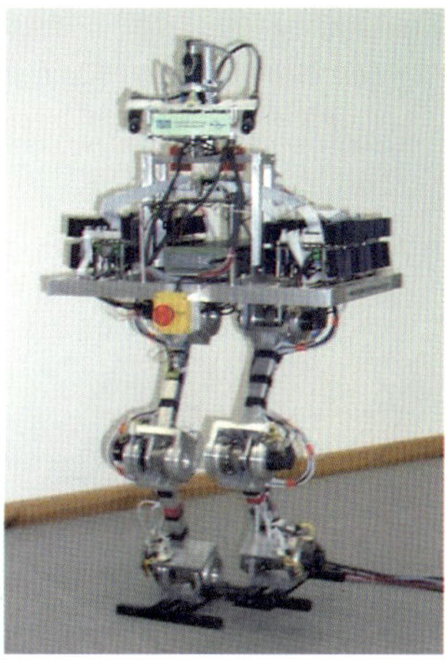

(Nach: Universität Hannover "extern", Okt. 2003, S. 11)

Lernvokabeln

1. Bilden Sie mit jeder unterstrichenen Vokabel zwei Sätze!

Verstehen und Schreiben

1. Warum war das Mechatronik-Zentrum der Universität Hannover im Jahr 2000 ein Innovationsprojekt? Antworten Sie in ein bis zwei vollständigen Sätzen, berücksichtigen Sie in Ihrer Antwort insbesondere das Wort "Innovation"!

Fragen zum Text

1. Wie heißt der Roboter in der nebenstehenden Abbildung? Beschreiben Sie, woran Sie ihn erkennen können und in welchem Bereich er eingesetzt werden kann!
   Antworten Sie in zwei bis drei vollständigen Sätzen!

2. In welchem Bereich kann MARGe eingesetzt werden? Welche Gründe werden dafür gegeben? Antworten Sie in ein bis zwei vollständigen Sätzen!

3. Was wollte man ursprünglich durch Mechatronik erreichen? Vervollständigen Sie den folgenden Satz:

Ursprünglich wollte man mechanische Komponenten ____

4. Aus welchen klassischen Disziplinen hat sich die Mechatronik entwickelt?

1) ____

2) ____

3) ____

5. Was erreicht man durch die Mechatronik heute? Vervollständigen Sie den folgenden Satz:

Heute erreicht man durch die Mechatronik ____.

6. Warum sind die Roboter MARGe und BARt-UH Modelle für die Zukunft? Antworten Sie in ein bis zwei vollständigen Sätzen!

Übungen

I. Lesen Sie den folgenden Text und beantworten Sie die Fragen dazu!

MARGe und BARt-UH sehen sich auf den ersten Blick nicht wirklich ähnlich, dabei haben sie doch einiges gemeinsam. Beide wurden produziert, um mühsame oder gefährliche Aufgaben im Dienstleistungsbereich zu übernehmen, und beide arbeiten ohne Versorgungsleitung ganz selbstständig. Die Steuerung findet auf den Rechnern der Roboter statt. Dennoch unterscheiden sie sich. (a) MARGe ist ein mobiler Roboter auf Rädern, der sich um die eigene Achse und zur Seite drehen kann. Sein Motor ist stark und groß genug, um zum Beispiel schwere Transportbehälter oder Krankenhausbetten zu schieben. Aber sein "Bruder" BARt-UH bewegt sich auf zwei Beinen vorwärts, die mit drei Gelenken ausgestattet sind. Dadurch kann er auch in unebenem Gelände eingesetzt werden. Er kann außerdem Treppen steigen und Hindernisse überwinden. Vielleicht kann er eines Tages Menschen aus Flammen und Feuer retten, wenn es für Feuerwehrleute zu gefährlich wird.

1. Was entspricht nicht der Beschreibung von BARt-UH?

   ① Er kann Treppen steigen und Hindernisse überwinden.

   ② Er kann eines Tages Menschen aus Flammen und Feuer retten.

   ③ Sein Motor ist stark und groß genug, schwere Gegenstände zu schieben.

   ④ Seine Beine sind mit drei Gelenken ausgestattet.

2. Warum nennt man BARt-UH den "Bruder" des Roboters MARGe?

① Weil beide von demselben Mann erbaut wurden.

② Weil er sich von MARGe unterscheidet.

③ Weil er mehrere Eigenschaften mit MARGe gemeinsam hat.

④ Weil sein Motor so stark und groß ist wie der von MARGe.

3. Was gehört nicht zu den Gemeinsamkeiten der Roboter MARGe und BARt-UH?

① Beide übernehmen mühsame Aufgaben im Dienstleistungsbereich.

② Beide bewegen sich auf Rädern vorwärts.

③ Beide werden auf ihren Rechnern gesteuert.

④ Beide arbeiten ohne Versorgungsleitung ganz selbstständig.

4. Welche der folgenden Überschriften passt zum Text?

① Gefährliche Aufgaben der Feuerwehrleute.

② Die Steuerung der mobilen Roboter.

③ Gefährliche Aufgaben im Dienstleistungsbereich.

④ Roboter MARGe und BARt-UH.

5. Formulieren Sie den Satz (a) in eine Partizipialkonstruktion um!

.

II. Lesen Sie den folgenden Text und beantworten Sie die Fragen dazu!

Diese beiden Serviceroboter sind Beispiele für das, was die Mechatronik ermöglicht. (a) Man entwickelte sie am Mechatronik-Zentrum der Universität Hannover, das 2000 als Innovationsprojekt gegründet wurde. Mechatronik, die Verbindung von Mechanik und Elektronik, meinte ursprünglich die Ergänzung mechanischer

Elemente durch die Elektronik, beispielsweise bei der Entwicklung moderner Spiegelreflexkameras. Daraus hat sich inzwischen eine Ingenieurwissenschaft entwickelt, die die klassischen Disziplinen Mechanik (Technische Mechanik, Maschinenbau, Feinwerktechnik), Elektronik (Mikroelektronik, Leistungselektronik, Messtechnik, Aktorik) und Informatik (Systemtheorie, Prozessdatenverarbeitung, künstliche Intelligenz) verknüpft und damit eine verbesserte Funktionalität technischer Systeme erreicht.

6. Was hat nicht direkt mit der Mechatronik zu tun?
① Die Verbindung von Mechanik und Elektronik.
② Die Entwicklung moderner Selbstreflexkameras.
③ Die Trennung der klassischen Disziplinen.
④ Serviceroboter.

7. Welche Absicht hat der Autor dieses Textes?
① Er will ein neues technisches Institut gründen.
② Er stellt das Mechatronik-Zentrum vor.
③ Er macht Werbung für die Stadt Hannover.
④ Er erklärt einen neuen Stoßdämpfer.

8. Wandeln Sie den Satz (a) in einen Passivsatz um!

,

III. Lesen Sie den folgenden Text und beantworten Sie die Fragen dazu!

(a) Im Mechatronik-Zentrum der Universität Hannover wird dieser interdisziplinäre Ansatz erfolgreich praktiziert. Sieben Institute aus den drei Fachbereichen und in Kürze auch das neue Produktionstechnische Zentrum Hannover forschen dort an Arbeitsgebieten wie autonome, mobile Roboter für Serviceanwendungen, Mechatronik im Kraftfahrzeug etc. Es (b) um Roboter wie MARGe und BARt-UH, die erst in der Zukunft gut entwickelt und kostengünstig zu produzieren sein werden. Und es (b) auch um Bereiche, die heute schon das tägliche Leben betreffen. So entwickeln die Hannoveraner Forscher beispielsweise einen Stoßdämpfer mit regelbarer Dämpfungskraft für Autos, um den Konflikt zwischen höchster Fahrsicherheit und maximalem Fahrkomfort zu lösen. Der Stoßdämpfer muss sich der jeweiligen Fahrsituation schnell anpassen, da (c) Bremsen und Kurven eine harte Dämpfung erfordern, während der Komfort auf unebenen Wegen durch eine weiche Dämpfung erhöht werden kann. Die Ergebnisse dieses Forschungsprojektes können vielleicht auch irgendwann unseren Freund MARGe verbessern.

9. Was entspricht nicht dem Text?

① Es geht hier unter anderem um die Mechatronik in Kraftfahrzeugen.

② Die Hannoveraner Forscher entwickeln autonome, mobile Roboter.

③ Unseren Freund MARGe wird heute schon kostengünstig produziert.

④ Die Mechatronik kann schon für das tägliche Leben angewendet werden.

10. Was betrifft den Stoßdämpfer mit regelbarer Dämpfungskraft nicht? ______

   ① Er löst den Konflikt zwischen höchster Fahrsicherheit und maximalem Fahrkomfort.

   ② Beim Bremsen und bei Kurvenfahrten gibt er eine weiche Dämpfung.

   ③ Der Komfort auf unebenen Wegen kann durch seine weiche Dämpfung erhöht werden.

   ④ Die Technik des Stoßdämpfers kann auch irgendwann unseren Freund MARGe verbessern.

11. Wandeln Sie den Satz (a) in einen Aktivsatz um!

   ______.

12. Setzen Sie ein passendes Verb in die Lücken (b) ein! ______

13. Formulieren Sie den Satz (c) um und vervollständigen Sie den folgenden Satz!

   Beim Bremsen und bei Kurvenfahrten ist eine harte Dämpfung ______.

Grammatik

1. Wandeln Sie folgende Sätze in Aktivsätze um!
   1) Das Mechatronik-Zentrum der Universität Hannover wurde 2000 als Innovationsprojekt gegründet.
   2) Dieser interdisziplinäre Ansatz wird erfolgreich praktiziert.

2.Wandeln Sie folgende Sätze in Passivsätze um!

1) Vielleicht kann er eines Tages Menschen aus Flammen und Feuer retten, wenn es für Feuerwehrleute zu gefährlich wird.

2) Sieben Institute aus den drei Fachbereichen und in Kürze auch das neue Produktionstechnische Zentrum Hannover forschen dort an Arbeitsgebieten wie autonome, mobile Roboter für Serviceanwendungen, Mechatronik im Kraftfahrzeug etc.

3. Wandeln Sie folgende Sätze in Partizipialkonstruktionen um!

1) MARGe ist ein mobiler Roboter auf Rädern, der sich um die eigene Achse und zur Seite dreht.

2) Aber sein "Bruder" BARt-UH bewegt sich auf zwei Beinen vorwärts, die mit drei Gelenken ausgestattet sind.

3) Sie wurden am Mechatronik-Zentrum der Universität Hannover entwickelt, das 2000 als Innovationsprojekt gegründet wurde.

4) Und es geht um Bereiche, die heute schon das tägliche Leben betreffen.

Glossar

Erstellen Sie in diesem Kapitel das Glossar einmal selbst. Benutzen Sie Relativsätze, um die schwierigen Wörter aus dem Bereich der Technik zu erklären.

Zum Beispiel: *Mechatronik ist ein Fach, das Mechanik und Elektronik verbindet.*

Erklären Sie pro Abschnitt 3 bis 4 Begriffe!

Lesekurs Deutsch

61
HUK
HUK-COBURG
9451
HUK-COBURG
Versicherungen · Bausparen
HUK
STADTWERKE BONN
9451

부록

Anhang I

Lesekurs Deutsch

번역모델

Modellübersetzungen

제 1과 교육

올바른 선택 - 대학 선택 방법

대학공부를 하기로 결정했다면 전공 선택뿐만 아니라 공부할 도시와 대학 선택도 학업과 장래직업을 위해 결정해야 할 가장 중요한 사안 중 하나다. 이는 여러 가지 요인들에 의해서 결정된다. 대학발전센터(CHE)에서 시행한 최근[2005년 5월] 연구조사에 따르면 요즘 독일 학생들은 과거의 학생들보다 더 까다로운 것으로 드러났다. 그들은 자신들이 앞으로 다니게 될 대학에 더 많은 요구를 하고 있으며 대학의 수준과 학업 내용에 대해 좀 더 자세한 밑그림을 가지고 있다.

먼저 대학 지원생이 대학도시를 선택할 때 어떤 기준을 중요시하는지 살펴보자. 도시 선택에 있어서는 여전히 전통적인 희망사항을 갖고 있는 게 사실이다. 즉, 대학도시를 선택할 때 가장 중요시하는 두 가지 기준으로 조사대상자의 3분의 2에 가까운 숫자가 출신지와의 인접성과 '호텔 마마', 즉, 돈을 절약하기 위해 부모 집에서 거주할 수 있는

가능성을 들고 있다. 그 외에도 많은 학생들에게는 규모가 작은 대학에서 공부하는 것 역시 중요한데, 그 이유는 (교내) 이동 거리가 짧고 교수들과 개인적으로 접촉할 수 있기 때문이다. 반면, 다른 학생들은 대도시와 규모가 큰 대학을 선호하는데 대학이 제공하는 프로그램이 내용과 문화적인 면에서 광범위하기 때문이다. 하지만 전통적인 기준 외에도 대학을 선택할 때 또 다른 특징들이 더욱 더 중요하게 인식되고 있다. 응답자의 51퍼센트가 좋은 대학시설을 기대하고 있으며, 52퍼센트는 자신이 선택한 대학이 좋은 명성을 가지고 있길 바라고 있다. 하지만 특히 대학에서 제공되는 강의가 자신의 전공에 대한 관심과 일치하기를 바라고 있다.

다음으로 좋은 대학의 특징에 대한 문제로 넘어가보자. 무엇이 좋은 대학을 만드는가? 먼저 교수와 학생간의 긴밀한 관계를 들 수 있다. 나아가 대학시설, 즉 충분한 전공서적을 갖춘 현대적 도서관, 컴퓨터와 인터넷을 이용할 수 있는 전산실, 그리고 현대적 강의실은 대학평가에 있어서 중요한 사항들이다. 또한 대학에서 수행되는 연구와 강의의 질도 선택기준으로 자주 거명되는 사항이다. 좋은 대학은 국제성을 갖춘 대학이다. 좋은 대학은 교수와 학생들이 더 뛰어난 성과를 거둘 것을 요구하지만 또한 좋은 서비스를 제공하는 대학이기도 하다. 끝으로 실무관련 학업내용과 졸업 후의 취업 가능성도 중요한 역할을 한다.

앞에서 언급한 조사내용에서 나타나듯이, 대학 지원생에게는 앞으로 다니게 될

대학을 선택할 때, 특히 소위 말하는 대학 랭킹의 중요도가 높아지고 있다는 점을 보여주었다. 대학 랭킹이란 다양한 기준에 따라 대학을 평가해 놓은 순위목록을 말한다. 학생들이 점점 더 까다로워지고 있다는 사실로 인해 순위목록은 대학을 변화시킬 수 있다고 조사결과는 말해주고 있다. 독일에서는 점점 더 많은 학생들이 자신이 다닐 대학을 선택할 때 랭킹 평가를 적극적으로 참고하고 있다. 50퍼센트의 학생들이 대학을 정할 때 대학 랭킹 평가를 이용하고 있다. 이로 인해 대학 자체에도 랭킹의 중요성이 높아지고 있다. 랭킹 평가 결과가 좋은 대학과 전공학과는 학생들에게도 당연히 더욱 흥미 있고 매력적이기 때문이다.

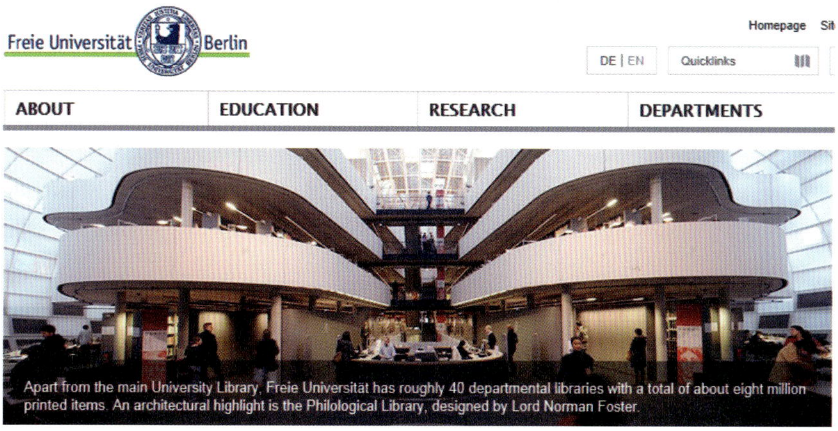

(출처: 주간지 〈디 차이트〉, 2005.05.19)

제 2과 멀티미디어

유능한 게임 개발자 구함

게임 콘솔로 돈을 벌다: 뒤셀도르프의 한 대학에서 학생들이 컴퓨터게임 개발을 배운다. 이 분야가 점점 더 중요해지고 있기 때문에, (학생들의) 취업 전망이 밝다.

팔코는 작은 우주선을 타고 형형색색의 행성들을 여기 저기 날아다니며 적들을 소탕한다. 스물 일곱 살인 그는 다른 학생들과 함께 컴퓨터 게임을 개발했다. 그는 게임디자인을 전공하고 있다. 컴퓨터 공학을 전공하는 동안 그는 자신이 컴퓨터를 수리하는 일보다는 뭔가 창조적인 일을 하고 싶어한다는 사실을 알게 되었다. 그 후 그는 게임디자인 학과가 있다는 것을 알게 되었고, 이제 부모님을 설득하기만 하면 되었다. 그의 부모는 이 학과가 어떤 과인지 전혀 알지 못했다. 팔코와 전공이 같은 세바스티안도 비슷한 이야기를 한다. 그가 몇 시간 동안 콘솔을 가지고 게임을 할 때도, 부모님에게는 마치 공부하는 것처럼 보일 수 있었다.

독일에서 게임 개발자가 될 수 있는 길은 별로 없다. 2006년부터 뒤셀도르프의 미디어디자인 대학에서 게임디자인 공부를 할 수 있다. 하지만 이 공부를 하려면 비용이 적지 않게 든다. 한 달에 최소한 799유로가 든다. 학생들은 그래픽 및 애니

메이션 프로그래밍 작업과 게임에 맞는 캐릭터 개발을 배우는데, 처음에는 종이 위에다 그 다음은 작은 인형을 만들어 사용한다. 팔코의 완성된 작품은 현재 학교에 전시되어 있다. 학생들은 지나다니면서 약 30

센티미터 높이의 이 전사(戰士) 인형을 구경한다.

이들에게 졸업 후 취업은 거의 따놓은 당상이다. 이는 린다 브라이트라우흐 교수가 확언하는 바이다. 컴퓨터게임 분야가 몇 해 동안 심지어 20퍼센트나 성장했다고 이 교수는 말한다. 그럼에도 불구하고 독일에서 컴퓨터게임에 대한 나쁜 이미지는 사라지지 않고 있다. 학생들은 이런 현실을 자주 경험한다고 팔코와 세바스티안은 이야기한다. 무엇보다도 폭력적인 컴퓨터게임이 여전히 비난받고 있다.

(출처: Top-Thema, www.dw-world.de, 2008.03.25)

제 3과 경제

백화점의 매각처분

대형 백화점의 시대는 끝난 것인가? 어쨌든 그 의미가 약해진 것은 분명하다. 저렴한 할인매장이 백화점과 경쟁을 하고 있기 때문이다. 인터넷쇼핑몰도 그 사이 많은 돈을 벌고 있다.

백화점 콘체른 아르칸도는 계속해서 긴축하려고 한다. 그래서 매상이 좋지 않은

몇 개의 백화점과 베를린의 카데베와 같은 명품 백화점들이 전체 콘체른에서 분리될 거라고 한다. 카데베의 경우, 예나 지금이나 많은 돈을 벌어다 주긴 해도 매각처분될 가능성이 없지 않다. 이 '서독의 백화점'(카데베)을 찾는 사람은 매일 사만 명에서 오만 명에 이른다. 크리스마스 시즌이라도 되면 심지어 18만 명에 달하는 손님이 이 베를린의 소비사원을 다녀가기도 한다.

아르칸도가 앞으로 더욱 집중적으로 겨냥하게 될 계층은 중산층이다. 하지만 전문가들은 이러한 계획이 성공을 거둘지에 대해서는 회의적이다. 포츠담 대학의 소비연구가인 잉고 발더얀의 견해에 따르면 시장이 두 가지 방향으로 발전해왔기 때문이다. 즉, 할인판매 영역과 명품 영역이다. 예를 들어 식료품 할인매장인 알디나 리들은 몇 년 전부터 의복과 전기제품, 살림용품도 판매하고 있다. 이로써 이들은 백화점 손님들을 빼어 가고 있는 것이다. 물론 백화점들도 그 사이 이에 대응하여 구조를 많이 바꾸고 있다.

한 예로 베를린의 '갈레리아 카우프호프' 백화점에서는 이제 수위가 문을 열어준다. 그리고 입구에 들어선 손님을 맞이하는 것은 향수 판매대에서 나오는 향수 냄새다. 백화점의 상품들도 달라졌다. 소비연구가 잉고 발더얀은 '서독의 백화점'과 같은 몇 개의 소수 명품백화점들은 앞으로도 계속 건재할 수 있지만, 대부분의 백화점들은 아마도 할인판매 영역에 집중할 때에만 살아남을 수 있을 거라고 본다

(출처: 카르스텐 춤마크 & 베아트리체 바르켄, www.dw-world.de, 2009.05.15)

제 4과 문학 I

포세이돈

포세이돈은 책상에 앉아 계산을 했다. 모든 물을 관리해야 하는 일이 한도 끝도 없었다. 그에게는 원하는 만큼의 조수들이 있었을 것이고, 실제로 아주 많은 조수들이 있기도 했다. 그러나 그는 자신의 관직을 매우 중시했기 때문에 모든 것을 자기가 다시 한 번 꼼꼼히 계산하다 보니 조수들은 사실상 거의 도움이 되지 않았다. 그가 그 일을 하는 것은 좋아서가 아니라 단지 주어진 일이기 때문에 하는 거였다. 물론 그의 말대로 그는 훨씬 더 즐거운 일을 구해보기도 했다. 하지만 여러 가지 제안을 받고 나면 언제나 지금까지 해온 업무만큼 자기 마음에 드는 게 없다는 사실이 드러났다. (남이) 그에게 어떤 다른 일을 찾아주는 것도 매우 어려웠다. 예컨대 어떤 특정 바다 하나를 지정해서 그에게 맡기는 일은 불가능했다. 바다 하나를 관리하게 되면 계산 업무의 양이 줄어드는 게 아니라 단지 일이 더 조잡해진다는 점 말고도 위대한 포세이돈은 언제나 지배하는 직책만 맡을 수 있었기 때문이었다. 그리고 그는 만약 자신에게 물과 무관한 직책이 주어진다는 그 사실을 상상만 해도 벌써 불쾌해졌고, 신성한 호흡은 불규칙해졌으며, 단단한 청동흉곽은 흔들렸다. 그런데 사람들이 그의 불평을 진지하게 받아들인 건 아니었다. 권력자가 성가시게 하면 아무리 가망이 없는 일이라도 겉으로는 그의 뜻에 따르는 척 해야 한다. 하지만 그 누구

도 포세이돈을 실제로 폐위시킬 생각은 하지 않았다. 태초부터 그는 바다의 신으로 정해졌으며, 그것은 달라질 수 없었기 때문이다.

그를 가장 화나게 하는 것은 사람들이 자기가 늘 삼지창을 들고 바다를 가로질러 다니는 모습을 상상한다는 얘기를 들었을 때다. 이것이 바로 그가 자신의 직책에 대해 갖는 불만의 주된 원인이었다. 그 동안 그는 이곳 대양 깊은 곳에 앉아서 쉼 없이 계산을 했다. 이따금 주피터에게 가는 일만이 단조로운 일상에서 벗어나는 유일한 일이었다. 대개 화가 나서 돌아오곤 하는 여행이었지만 말이다. 이렇게 해서 그는 바다를 본 적이 거의 없었다. 올림포스 산으로 급히 올라갈 때만 대충 보았을 뿐이지 실제로 바다를 가로질러 다녀본 적이 전혀 없었던 것이다. 그래서 그는 세계의 종말이 올 때까지 기다리겠다는 말을 하곤 했다. 종말 직전 마지막 계산업무를 검토하고 난 후에 재빨리 간단한 바다일주를 할 수 있을 조용한 한 순간이 그래도 있을 거라는 것이다.

(프란츠 카프카, 1920)

제 5과 사회

안락사 자살에 관한 TV다큐

1. 전직 대학교수인 어느 59세 중환자의 안락사 자살에 관한 TV다큐가 비난 받을 만한 방송인시 아니면 계몽을 위해 불가피한 것인지를 놓고 논쟁이 일고 있다.
2. 수요일 저녁 영국의 TV에서는 어느 중환자의 자살 장면을 볼 수 있었다. 59세의 전직 대학교수인 크레이그 에버트 씨는 불치의 신경 및 근육질환을 앓고 있었다. 이 병으로 인해 그는 거의 전신이 마비되었다. 더 이상 혼자 힘으로 숨을 쉴 수 없었고, 인공적인 영양섭취가 불가피해졌다.
3. 그는 취리히에 있는 호스피스 기관인 '디그니타스'가 운영하는 병원에서 온갖 의료기구의 도움으로 인생의 마지막 몇 달을 보냈다. 2006년 9월 말 크레이그 에버트는 부인의 도움으로 카메라 앞에서 치명적인 혼합약물을 마셨고, 곧이어 자신의 이로 인공호흡기를 떼어냈다. 오스카 상 수상자인 존 차리츠키가 연출한 이 다큐는 영국의 민영방송사인 스카이 리얼 라이브즈에서 방영되어 유럽 전역에서 찬반 논쟁을 불러일으켰다.

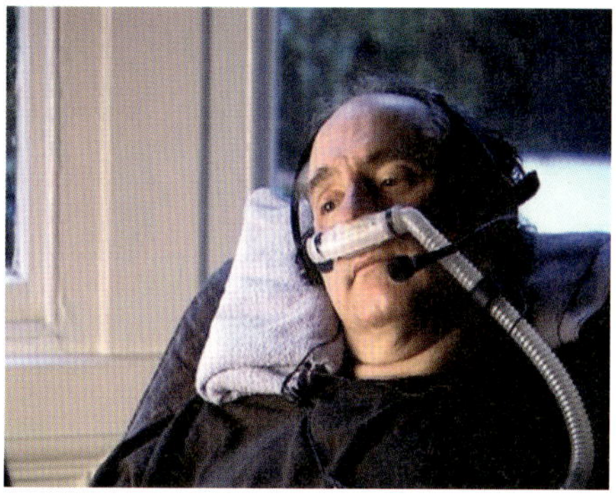

4. 영국수상 고든 브라운이 이 문제를 조심스럽게 다뤄줄 것을 언론매체에 당부한 반면, 해당 방송사는 이 다큐의 방영을 변호했다. 불치병 환자들의 "안락사자살"이라는 주제는 언제나 많은 사람들의 관심사라는 것이다. 이 다큐는 "많은 사람들이 내려야 하는 (안락사자살) 결정에 대해 정보를 제공하고, 이해를 돕고, 교훈을 얻을 수 있게" 해준다고 스카이 리얼 라이브즈의 대변인은 말한다.
5. 독일의 호스피스재단은 이 다큐를 "파렴치하고 관음증적인 방송"이라고 비난했다. 이 다큐는 한 중환자의 자살을 이용하고 있으며, 게다가 그것은 '디그니타스' 협회를 선전하는 위험한 광고라고 독일의 호스피스재단은 비난하고 있다. 독일 호스피스재단의 규정에는 "자살을 연상시키고 적극적으로 안락사를 돕는"모든 형태를 엄격하게 반대한다고 명시되어 있다. 사무총장 오이겐 브리쉬는 "모든 인

간에게는 죽을 권리가 있으나 살인할 권리는 없다"고 말한다.

6. 연방의회 기민당/기사당(CDU/CSU) 원내 부대표 볼프강 보스바흐의 비판 역시 분명했다. 그는 자살을 이용한 사업을 금지하도록 요구했다. 이와 비슷한 기관들에 대해서는 법적인 조치를 취해야 한다는 것이다. 그 외에도 이 기민당(CDU) 소속 정치가는 '디그니타스'와 같은 협회들이 이윤만 추구한다고 비판했다. 중환자의 자살을 다룬 이 다큐는 관음증을 충족시키고 매우 논란이 되는 기관을 선전하는데 목적이 있다고 했다. 게다가 차리츠키의 영화는 인간적으로 죽으려면 다른 방도가 없다는 것을 암시하고 있다고 했다. "고통스러운 죽음 앞에서 느끼는 인간의 공포가 철저히 이용되고 있다"라고 보스바흐는 한 인터뷰에서 말했다.

1. Selbstmord im TV!

Bild

Todkranker Professor (59) trinkt Gift-Cocktail vor laufender Kamera

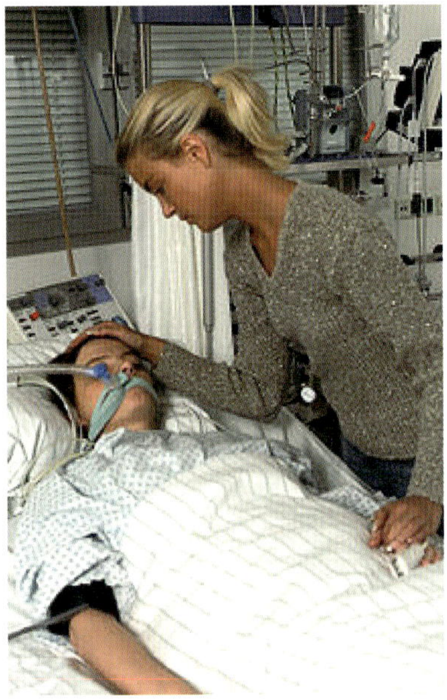

7. 볼프강 보스바흐는 연방의사협회 의장 예르크 디트리히 호페의 지지를 받았다. 안락사가 이상적인 자살 행동지침으로 연출되어서는 안 된다는 것이다. 이를 통해 죽어가는 사람은 인간의 존엄성을 잃게 된다는 것이다. 죽어가는 사람을 보살펴주고 의술로 고통을 완화시키는 대신에 자살이 이른바 더 쉬운 길로 묘사된다는 것이다.

8. 79세의 뉴질랜드인 파울라 베스토비의 반응은 완전히 달랐다. 그녀는 "다시 살리지 마"라는 문신을 가슴에 새겨 넣었는데, 그 이유는 자신은 결코 "멍하니 식물인간으로 죽어가고 싶지" 않기 때문이라는 것이다.

(출처: 마티아스 폰 헬펠트, www.dw-world.de, 2008.12.11)

제 6과 영화

굿바이 레닌

케르너 가족은 동베를린에서 평범하게 살고 있다. 아버지 로베르트는 의사이고 어머니 크리스티아네는 교사이다. 이들에게는 두 명의 자녀가 있는데, 알렉스는 11세이고 아리아네는 13세이다. 1978년 여름, 서베를린에서 열리는 어느 회의에 참석하러 간 로베르트는 더 이상 귀가하지 않는다. 슈타지는 남편이 동독에서 서독으로 넘어간 일을 두고 크리스티아네를 심문한다. 같은 시기에 동독은 우주에 간 최초의 독일 우주비행사를 환영한다. 우울증에 걸린 크리스티아네는 몇 주 동안 정신병원에 입원할 수 밖에 없게 된다. 다시 집으로 돌아와 한 부모 가장이 된 크리스티아네는 전력을 다해 두 아이들을 돌보는 동시에 정치활동을 한다.

1989년 동독은 대규모 군사퍼레이드를 하며 건국 40주년을 축하한다. 24세가 된 아리아네는 그 사이 한 아이의 엄마가 되어 있다. 22세가 된 알렉스는 텔레비전 기술자로 일한다. 크리스티아네는 공화국 궁전(청사)에서 열리는 공식 축하행사에 초대받아 가는 길에 개혁을 원하는 민권운동가들의 데모 행렬에 휩쓸린다. 알렉스 역시 도중에 데모행렬에서 젊은 러시아 여자 라라를 사귀게 된다. 우연하게 크리스티아네는 알렉스가 경찰에 체포되었다는 말을 듣게 된다. 심장마비가 온 크리스티아네는 혼수상태에 빠진다. 다음 날 알렉스는 입원한 어머니를 방문하기 위해 풀려난다.

크리스아네의 건강은 위태로운 상태다. 8개월 간 혼수상태에 빠져 있는 그녀는 독일의 통일을 함께 겪지 못한다. 베를린 장벽이 무너지고, 호네커가 물러나고, 자유선거가 실시되고, 서독과 동독은 통일의 선상에 놓여있다. 아리아네는 학업을 포기하고 버거킹에서 일하며 그곳에서 새 애인 라이너를 만나게 된다. 아리아네의 집으로 들어온 라이너는 집을 서구 스타일로 꾸민다. 알렉스는 직장을 잃게 되지만 서독 회사에 새 일자리를 얻는다. 그곳에서 그는 직장 동료인 데니스와 친구가 된다. 알렉스는 병원에서 견습간호사로 일하는 라라를 다시 만나게 되고 그녀와 사랑에 빠진다. 알렉스가 어머니의 병상 옆에서 라라에게 첫 키스를 할 때, 크리스아네가 갑자기 깨어난다.

알렉스는 의사의 권고를 듣지 않고, 아리아네의 의구심에도 불구하고 어머니를 집으로 데려오기로 결심한다. 크리스티아네를 절대로 혼란스럽게 하지 않기 위해 알렉스는 동독의 달라진 정치 상황에 대해 말하지 않고 79 평방미터 크기의 집에 동독의 일상문화를 다시 부활시킨다. 그것은 쉽지만은 않다. 친숙한 동독상품을 구하지 못하기도 하고, 크리스티아네가 집 맞은 편에 보이는 거대한 코카 콜라 포스터를 발견하기도 한다. 때로는 크리스티아네 혼자 거리로 나가서는 낯선 세상에 있는 자신을 발견하기도 한다.

많은 상상력을 발휘하고 온갖 일을 꾸미고, 옛날 비디오와 조작한 뉴스 방송을 가지고 알렉스는 대비되는 모습을 설명하고 현실을 다르게 해석하거나 또는 새롭게 꾸며내는 데 줄곧 성공한다. 크리스티아네는 끝까지 알렉스가 필터링해서 보여준 동독을 믿는다. 반대로 알렉스는 이 놀이가 점점 너무 복잡해진다는 것을 깨닫게 되고 어머니에게 정치적 상황을 사실대로 설명하기로 결심한다. 어느 날 가족 별장으로 소풍을 가게 되고, 이는 진실을 말할 좋은 기회가 된다.

하지만 크리스티아네가 생각지도 못한 고백으로 선수를 친다. 1978년 여름 아버지가 동독에서 서독으로 넘어간 일은 계획된 일이었으며, 크리스티아네는 아이들과 함께 뒤따라갈 계획이었다. 하지만 두려움과 아이들에 대한 걱정으로 그때 이주하지 못했던 것이다. 소풍을 다녀온 다음날 저녁 크리스티아네는 두 번째 심장마비를 겪고 다시 병원에 입원하게 된다. 아리아네가 부엌에서 아버지가 가족에게 보낸 편지를 발견하자 알렉스는 베를린 반제에서 살고 있는 아버지를 방문하기로 결심한다. 알렉스는 아버지에게 병원에 있는 전부인 크리스티아네를 방문해달라고 부탁한다.

마지막으로 직접 제작한 뉴스로 알렉스는 동독과 품위 있는 이별을 할 수 있게 되고 어머니에게는 평온한 죽음을 안겨드린다. 크리스티아네는 동독이 몰락한 후

3일 뒤에 죽는다.

〈코멘트〉

영화 〈굿바이 레닌〉의 주제는 1989년 베를린 장벽의 붕괴이자, 1990년 10월 서독과 동독의 통일에 이르기까지의 정치적 전개과정이다. 동베를린에 거주하던 케르너 가족의 허구적 이야기는 여러 정치적 사건들을 반영하고 있다. 영화는 동독의 마지막 2년 동안의 일상의 변화, 가치와 인생관의 소멸을 보여주고 있다. 사회의 변화는 영화의 주인공들 개인의 변화를 가져온다. 영화는 또 하나의 가능한 이야기의 전개를 아이러니하게 보여주고 있다.

제 7과 철학

아침식사의 철학

"나는 생각한다, 그러므로 나는 존재한다"라고 한 사람은 르네 데카르트였다. 그런데 데카르트의 생각은 틀렸다. 나는 생각하기 때문에 존재하는 것이 아니라 먹기 때문에 존재한다. 나는 맘만 먹으면 오랫동안 생각을 하지 않고서도 존재할 수 있다. 하지만 먹는 것에 대해 이런 주장을 할 수는 없다. 그렇다! 나는 먹는다, 그러므로 나는 존재한다!

루드비히 포이에르바흐는 이러한 사실을 깨달은 철학자였다. 그는 "먹는 음식이 곧 그 사람을 만든다."라는 말을 남겼다. 이 말 뒤에는 우리의 존재가 아주 본질적으로 우리가 먹는 음식에 달려있다는 통찰이 숨어있다. 이 문제는 인간이 어떤 존재로 살아야 하는가 만을 뜻하는 것이 아니다. 그렇게 되기 위해서는 무엇을 먹어야 하는가에 대해서도 물음을 가져야 한다.

음식의 철학과 관련된 문제에서는 특히 아침식사가 중요하다. 차를 너무 연하게 마시면 하루를 망치게 된다. 누구라도 이와 비슷한 경험을 했을 것이다. 아침에 완숙달걀을 먹거나 태운 토스트를 먹게 되면 기분을 망친다. 특이하게도 일상적으로 쓰는 말 가운데서도 누군가 기분이 좋지 않으면 "저 사람 아침을 잘 못 먹었군"이라는 표현을 쓴다.

살기 위해 먹어야 하지만 그렇다고 꼭 아침을 먹을 필요는 없다고 이의를 제기할 수는 있다. 그렇지만 '나는 아침을 잘 먹었다. 그러므로 나는 행복하다' 라는 사실은 분명하다. 그렇다면 좋은 아침식사란 무엇인가?

아침 식사 때 커피를 마셔야 하나, 차를 마셔야 하나? 이것은 취향을 묻는 것 이상의 철학적 문제이다. 음료의 선택은 곧 우리가 맺고 있는 시간에 대한 관계를 말해준다.

커피를 마시는 사람에게 시간은 화살이다. 이 시간은 돌아오지 않는다. 이 말은 기회가 찾아왔을 때 이를 포착하는 것이 중요하다는 뜻이다. 그것은 마치 시간이 앞으로 껑충 뛰어 달아나버리는 것과 같다. 다른 모든 위대한 발견들처럼 커피 역시 장기간에 걸쳐 이루어진 시음의 결과가 아니라 갑작스레 찾아온 영감에 따른 것이었다. 커피가 있고 부터는 그 이전과 완전히 다른 세상이 되었다. 진보는 멈추지 않는다. 진화의 행보는 커피의 발명이 그러하듯 돌이킬 수 없다. 커피는 진보의 음료다. 시간은 거꾸로 가지 않기 때문이다. 적기(適期)를 놓치면 기회는 두 번 다시 돌아오지 않는다. 아침에 커피를 마시는 사람은 하루 동안에 일어나는 어떤 것도 놓치려 하지 않는다. 시간은 화살이다. 오늘 하루는 다시 돌아오지 않는다.

이와는 달리 아침에 마시는 한 잔의 차는 일종의 의식이다. 차 한 잔으로 시간의 순환을 기린다. 아침식사의 철학에서 차는 시간의 순환 속에서 표현되는 질서를 대변한다. 플라톤에게 순환적인 시간이란 신의 영원성을 모방한 것이다. 창조주에게 시작과 끝이 없는 것처럼 시간의 흐름 속에서 끝은 언제나 다시 처음으로 되돌아 온다. 차를 마시며 하루를 시작하기 위해선 안정과 여유가 필요하다. 한 마디로 시간이 필요하다. 차는 커피처럼 선 채로 꿀꺽 삼켜버리는 것이 아니라 음미하면서 마셔야 하기 때문이다. 차를 마시는 사람에게 시간은 순환으로, 즉 끊임없는 반복으로 여겨진다. 니체는 차를 마시며 하루를 시작했다. 그는 '항상 동일한 것'이 회귀한다는 확신을 갖고 있었다. 무슨 일이 일어나건간에 이 모든 것은 언젠가 반복될 것이다. 여기에 진보를 거부하는 생각이 들어있을 수도 있지만, 또한 커다란 위안도 담겨있다. 왜냐하면 놓쳐버린 기회란 없기 때문이다. 모든 일에는 다 좋은 면이 있다. 그러니 서두를 이유가 없다.

(출처: 우도 마르크바르트, "소크라테스와의 산책, 위대한 사상가들과 삶의 소소한 것들", 뮌헨, 2000, 83-87쪽)

제 8과 정치

가자 지구 전쟁과 인터넷 전쟁

인터넷은 힘이 막강해지고 있는 매체다. 이를테면 미국의 선거전이 이를 잘 보여주었다. '가자지구 분쟁'에서도 양측 진영은 유혈 전쟁에 대한 자신들의 견해를 세계 도처의 사람들에게 설득시키려 시도했다. 이는 양측이 공포와 거짓을 확산시키는 영상들을 보여주면서 이루어지고 있다. 유투브나 플리커 또는 페이스북과 같은 포털 사이트는 가자 지구와 이스라엘에서 벌어지고 있는 사건들만 보여주는 게 아니다. 이것들은 선전, 선동의 목적에 잘 이용될 수 있는 도구가 되기도 한다.

본래 음악비디오를 교환하거나, 사진작가들이나 디자이너들이 전문적인 대화를 나누거나, 또는 옛 친구들을 다시 찾기 위해 만들어진 포털 사이트에, 전쟁이 시작된 이후론 전투에 관한 영상들이 넘쳐나게 되었다. 수십만 장의 사진과 댓글로부터

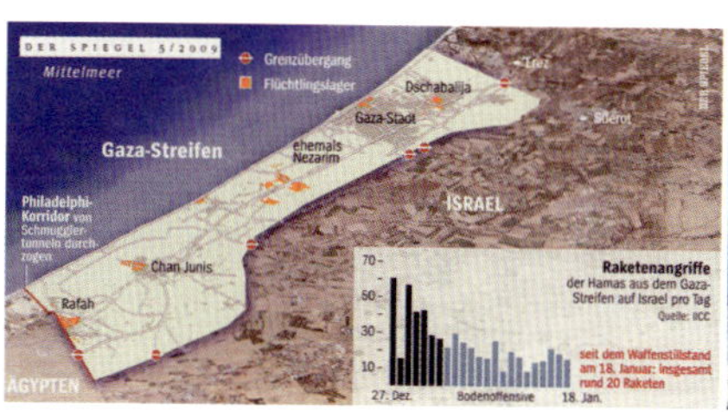

진실에 부합하는 어떤 실상을 파악하기란 거의 불가능하다.

처음에는 특히 몇몇 전투장면이 담긴 영상들이 개별적으로 업로드되었다. 그러다가 전투를 수행하는 양측이 인터넷사이트를 점점 더 자신들의 매체상의 전쟁을 위해 사용하고 있다. 이스라엘 외무부장관인 치피 리브니는 며칠 전 아랍 소식통인 알자지라를 통해 보도된 뉴스에 대해 불만을 표시했다. 하지만 이스라엘 측에서 보낸 뉴스도 마찬가지로 매우 선동적이다.

유튜브가 이스라엘 국방부에서 의도적으로 공개한 전투비디오를 지난주에 사이트에서 삭제했더라도 그 이후의 비디오는 더 이상 삭제되지 않고 있다. 전 세계 수백만 유저들이 클릭한 비디오들은 이를테면 팔레스타인 저항군들이 미사일을 실은 수송차량에 의도적으로 발포하는 장면을 보여주었다. 하지만 이스라엘의 인권기구인 벳셀렘의 보도에 따르면, 미사일이라고 오인된 것은 산소통이었다. 그리고 소위 테러리스트라고 보도된 이들은 자신들의 재산을 안전한 곳으로 옮기려던 평범한 민간인들이었다. 이 공격으로 여덟 명이 사망했다.

각 검색 사이트에 '가자지구'라든가 '이스라엘'과 같은 검색어를 쳐보면 종종 이스라엘 측이 의도적으로 자신들에게 유리하게 날조한 전투보고서들이 수백 건이나 검색된다. 이 비디오들은 하마스의 지하터널 시스템, 무기고, 미사일을 파괴하는 장면들을 담고 있다고 한다. 하지만 근거 없는 경우가 대다수다.

인터넷 상의 토론광장에서도 거짓이 유포되거나 어떤 특정한 목적을 위해 여론이 조작되기도 한다. 이에 대해 이스라엘 국방부 대변인에 의하면, 인터넷은 격전이 벌어지고 있는 전쟁터와 같다고 한다. 이스라엘 군대는 세계에서 유일하게 자체 유튜브 채널을 소유하고 있다. 그 외에도 뉴욕의 이스라엘 대사관은 트위터 '프레스센터'를 통해 방송을 내보내기도 한다.

지난 며칠 간 하마스 측의 인터넷 사이트도 뚜렷하게 증가했다. 이들은 특히 아랍지역에서 자체 사이트를 가지고 고의적인 선전을 시도하고 있다. 더 나아가 이들은 해커들을 고용해 이스라엘 인터넷 포털사이트를 파괴하도록 한다.

가상전쟁에 참여하는 유저들 간에도 전선이 강화되고 있다. 다양한 유튜브 비디오 등에서 발견되는 "더러운 유대인"과 같은 무리한 댓글이나 나치의 잔악한 행위와의 비교가 이를 증명한다.

(출처: 크리스티안 바이스, 차이트 온라인, 2009.01.02)

제9과 문학 II

노자가 망명길에 도덕경을 쓰게 된 경위에 대한 전설

I. 나이 칠순이 되어 쇠약해졌을 때/ 선생은 쉬고 싶은 생각이 들었다./ 나라 안에 선의가 다시금 약화되고/ 악의가 다시금 득세했기 때문이다./ 그는 신발 끈을 매었다.

II. 그리고 필요한 짐을 꾸렸다./ 약간이었지만 그래도 이 것저것 꽤 되었다./ 저녁마다 피우던 담뱃대,/ 그리고 항상 읽던 책,/ 눈대중으로 챙긴 흰 빵 조금.

III. 그는 골짜기 마을을 다시 한 번 흐뭇하게 바라보고/ 산 속으로 들어서자 속세를 잊었다./ 노인을 태우고 가던 황소는 신선한 풀을 보며 좋아했고/ 그것을 뜯어 먹으면서 갔다./ 그래도 노인에게는 충분히 빨랐기 때문이다.

IV. 그런데 나흘째 되던 날 암벽에 이르자/ 한 세리가 그의 길을 가로막았다./ "세금 낼 값진 물건 있소?" – "없소"/ 소를 끌고 가던 동자가 말했다: "이분은 선생님이오"/ 이렇게 하여 통관절차는 끝났다.

V. 그러나 쾌활한 그 사내가/ 다시 물었다: "그래서 이 분이 무엇을 얻어냈소?" / 동자가 말했다: "흐르는 부드러운 물이/ 시간이 지나면 힘 있는 돌을 이긴다는 것이오./ 단단한 것이 굴복한다는 뜻을 아시겠죠?"

VI. 마지막 햇살을 놓치지 않기 위해/ 동자는 이제 소를 몰았다./ 셋이 검은 송림을 돌아 나갈 무렵/ 갑자기 우리의 사내가 정신이 번쩍 들어/ 외쳤다: “어이, 여보게! 멈추시오!

VII. 물이 대체 어쨌다는 거요, 노인장?”/ 노인이 멈췄다: “흥미가 있소?”/ 사내가 말했다: “난 세리에 지나지 않지만/ 누가 누구를 이긴다는 것은 내게도 흥미가 있소./ 아신다면 말해 주시구려.

VIII. 내게 적어 주시오! 이 동자가 받아 적게 하시오./ 그런 것은 혼자만 갖고 가면 안 되지요./ 우리 집에 가면 종이와 먹이 있소./ 밤참도 마련하겠소. 내가 사는 곳이 저기라오./ 자, 그러면 약속이 된 거지요?”

IX. 노인은 고개를 뒤로 돌려 사내를/ 바라보았다. 누더기 저고리에 맨발,/ 그리고 이마는 온통 주름살 투성이./ 아, 그와 마주선 사내는 승자가 아니었다./ 그러자 노인이 중얼거렸다. “당신도?”

X. 정중한 청을 거절하기에/ 보다시피 노인은 너무 늙었다. “뭔가 묻는 사람은 대답을 얻게 마련이지” 하고 / 그가 큰 소리로 말한 것을 보니 (승낙을 한 것이다.) 동자가 말했다, “벌써 날도 차가워집니다.”/ “좋다. 잠시 머물기로 하자.”

XI. 그래서 현자는 소에서 내려와 / 칠 일 동안 머물며 동자와 둘이서 글을 썼다. / 그리고 세리는 음식을 날랐다 (이 기간 내내 그는 / 아주 작은 소리로만 밀수꾼들을 꾸짖었다)./ 그렇게 해서 책이 완성되었다.

XII. 어느 날 아침 동자는 세리에게 / 여든 한 개의 경구를 건네주었다. / 그리고 약간의 노잣돈에 감사하면서 / 그들은 송림을 돌아 암벽 쪽으로 나아갔다. / 이제 말해 보라. 사람이 이보다 더 정중할 수 있을까?

XIII. 그러나 우리는 책에 이름이 장식된/ 이 현자만을 칭송하지는 말자./ 현자에게서는 지혜를 얻어내야 하기 때문이다. / 그러니 세리에게도 감사해야 한다. / 그가 현자에게 지혜를 청해 얻어 낸 것이다.

(베르톨트 브레히트, 1937)

제 10과 기술

서비스로봇 마르게와 바르트우 상용화임박 - 메카트로닉이 실현시키다

하노버 대학의 메카트로닉 센터는 지난 2000년에 기술혁신 프로젝트로서 설립되었다. 기계공학, 전자공학 및 정보통신기술(IT), 그리고 최근에는 컴퓨터공학 학과들이 학제 간 공동 작업으로 연구와 교육성과를 집약해 새로운 응용분야를 만들어냈다.

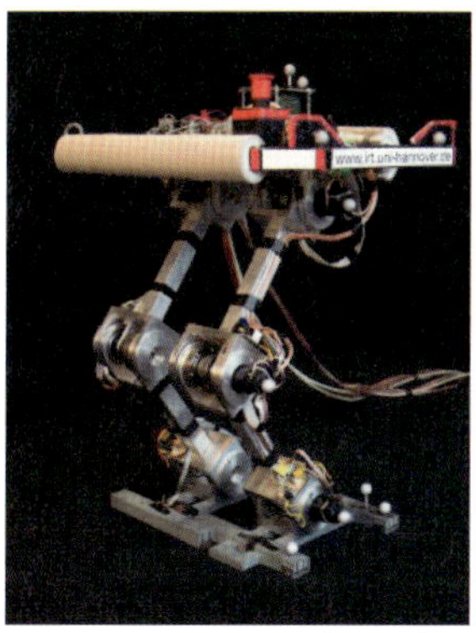

마르게와 바르트우는 첫 눈에는 사실 비슷해 보이지 않는다. 그렇지만 몇 가지 공통점이 있다. 두 로봇은 물류(서비스)분야에서 힘들고 위험한 일을 도맡아 하도록 생산되었으며 케이블선 없이 완전히 자립적으로 일한다. 운전은 로봇에 장착되어 있는 컴퓨터가 한다. 하지만 그 둘은 서로 다르다. 마르게는 바퀴달린 이동로봇인데 360도 회전과 좌우 회전이 가능하다. 모터는 아주 크고 강력해서, 예컨대 무거운 컨테이너나 병원침대를 밀 수 있다. 그러나 그의 "형제"벌인 바르트우는 각각 관절이 세 개씩 달린 두 다리로 걷는다. 이런 특징 때문에 평평하지 않은 지형에도 투입될 수 있다. 그 밖에도 이 로봇은 계단을 오르거나 장애물을 넘을 수 있다. 아마도 언젠가 이 로봇은 소방관들이 투입되기에는 너무 위험할 경우 사람을 화염으로부터 구조할 수

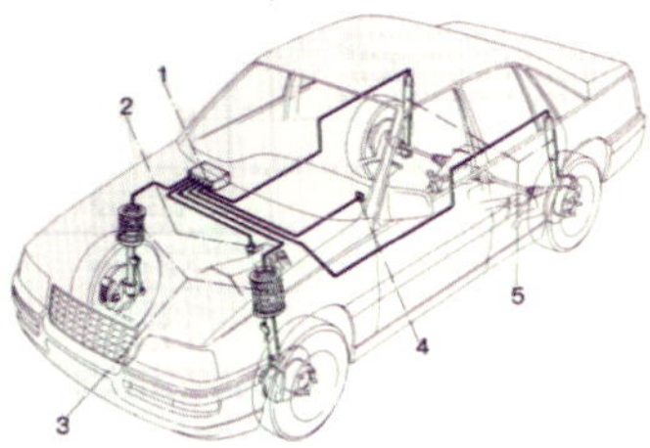

있을 것이다.

이 두 로봇은 메카트로닉이 무엇을 가능케 하는지 보여주는 예이다. 이들은 2000년 혁신 프로젝트로 설립된 하노버 대학 메카트로닉 센터에서 개발되었다. 기계공학(Mechanik)과 전자공학(Elektronik)의 합성어인 메카트로닉(Mechatronik)은 원래 전자공학을 보완시킨 기계공학을 뜻한다. 오늘날의 일안 반사식 카메라(SLR) 개발이 그렇다. 그동안 이 센터에서는 기계공학 (기계 역학, 기계설비, 정밀 공학), 전자공학 (마이크로전자공학, 동력전자공학, 계측공학, 엑추에터), 그리고 컴퓨터공학 (체계이론, 공정정보처리, 인공지능)같은 기존학과를 통합해 좀더 개선된 기술시스템 성능을 갖춘 엔지니어링공학이 개발되었다.

하노버 대학의 메카트로닉 센터에서는 이런 학제 간 시도가 성공적으로 실현되고 있다. 이 세 학과에 소속된 일곱 개의 연구소와 곧 새로 생길 하노버 생산기술센터가 그곳에서 물류용 자가운전 로봇, 트럭 메카트로닉 등과 같은 작업분야를 연구하고 있다. 바로 마르게와 바르트우 로봇이 관계되어 있는데 이들은 시간이 좀 지나야 비로소 제대로 개발되고 생산가격도 저렴해질 것이다. 그것은 오늘날 이미 일상생활이 된 분야의 문제이기도 하다. 그래서 하노버의 연구자들은 예를 들면 강약조절이 가능한 자동차용 완충기를 개발하여 최상의 안전성과 최고의 승차감 사이의 고민을 해결하려고 한다. 완충기는 매순간의 운행 상황에 맞춰 신속히 조절돼야 한다. 브레이크를 밟을 때와 커브 길에서는 강력한 제동력이 요구되기 때문이다. 반면 울퉁불퉁한 길에서는 약한 제동을 써야 승차감이 향상될 수 있다. 이 연구 프로젝트의 결과는 언젠가는 우리의 친구 마르게도 개선시킬 수 있을 것이다.

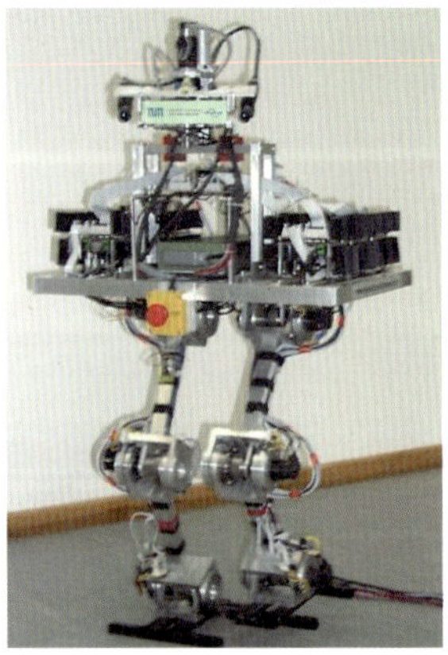

(출처: 하노버 대학교의 교지 〈엑스테른〉, 2003.10, 11쪽)

Lesekurs Deutsch

부록

Anhang II

Lesekurs Deutsch

모범답안

Lösungen

1. Bildung

Die richtige Wahl: Wie man sich seine Universität aussucht

Fragen zum Text

1. Welche wichtigen Entscheidungen trifft man vor Beginn des Studiums?

   Die Wahl des Studienfaches und die Wahl des Studienortes.

2. Welches sind die beiden häufigsten Gründe bei der Wahl des Studienortes?

   Die Nähe zum Heimatort und die Möglichkeit, zu Hause zu wohnen.

3. Welche Vorteile haben kleine Universitäten?

   Kurze Wege und persönlicher Kontakt zu Dozenten.

4. Welche Vorteile haben große Universitäten und Städte?

   Ein breites inhaltliches und kulturelles Angebot.

5. Wodurch zeichnet sich eine gute Universität aus?

Durch einen engen Kontakt zwischen Studierenden und Dozenten, eine gute Ausstattung, gute Forschung und Lehre, guten Service und Praxisbezug.

6. Sind die folgenden Aussagen richtig (R) oder falsch (F)?
   1) Knapp zwei Drittel der befragten Studienanfänger wollen an einer kleinen Universität studieren. *(F)*
   2) Eine gute Universität hat viele Computer und die Dozenten geben gute Noten. *(F)*
   3) Für die Hälfte der Studienbeginner spielen Rankings bei der Wahl ihrer künftigen Universität eine Rolle. *(R)*

Übungen

1. ④ 2. ①
3. ③ 4. ④
5. ① 6. ④
7. ① 8. ②
9. ①
10. Eine gute Ausstattung der Universität wird von 51% der Befragten erwartet.
11. ① 12. ②
13. ① 14. ④
15. Wodurch wird eine Uni zu einer guten Universität gemacht?
16. muss, genannt, werden
17. ① 18. ③

Grammatik

1. Es gibt in Deutschland immer mehr Studienbeginner, die sich ihre Universität bewusst mit Hilfe eines Rankings aussuchen.

   Es gibt in Deutschland immer mehr sich ihre Universität bewusst mit Hilfe eines Rankings aussuchende Studienbeginner.

2. Auch die Qualität der Forschung, die an den Hochschulen betrieben wird, wird häufig als Kriterium genannt.

   Auch die Qualität der an den Hochschulen betriebenen Forschung wird häufig als Kriterium genannt.

3. Auch die Qualität der Forschung und der Lehre an den Hochschulen wird häufig als Auswahlkriterium genannt.

   Man nennt auch die Qualität der Forschung und der Lehre an den Hochschulen häufig als Auswahlkriterium.

4. Da ist zum ersten der enge Kontakt zwischen Dozenten und Studierenden zu nennen.

   Da muss zum ersten der enge Kontakt zwischen Dozenten und Studierenden genannt werden.

5. Die Bedeutung der Rankings für die Hochschulen selbst nimmt zu, denn Universitäten bzw. Fachbereiche mit guten Ranking-Ergebnissen werden für Studenten attraktiver.

   - Die Bedeutung der Rankings für die Hochschulen selbst nimmt zu, weil Universitäten bzw. Fachbereiche mit guten Ranking-Ergebnissen für Studenten attraktiver werden.

   - Die Bedeutung der Rankings für die Hochschulen selbst nimmt zu, da Universitäten bzw. Fachbereiche mit guten Ranking-Ergebnissen für Studenten attraktiver werden.

6. Bei der Auswahl der künftigen Hochschule ...

   Wenn man die künftige Hochschule auswählt, ...

2. Multimedia

Gute Spieleentwickler werden gesucht

Fragen zum Text

1. Warum studiert Falko Gamedesign?

   Er möchte gerne etwas Kreatives tun.

2. Wie haben Falkos Eltern reagiert?

   Sie konnten sich unter Gamedesign nichts Konkretes vorstellen.

3. Kann man das Studium "Gamedesign" in Deutschland überall studieren?

   Es gibt nur wenige Möglichkeiten, Spieleentwickler zu werden.

4. Ist das Studium "Gamedesign" preiswert?

   Das Studium ist nicht gerade günstig: Es kostet 799 Euro im Monat.

5. Was lernt man unter anderem bei diesem Studium?

   Die Studenten lernen Programmieren, die Arbeit mit Grafik- und Animationsprogrammen und Figuren für ein Spiel zu entwickeln.

6. Welche Spiele werden am meisten kritisiert?

   Vor allem Gewaltspiele werden oft kritisiert.

7. 1) ② 2) ①
   3) ①

Übungen

1. ③ 2. ①
3. ③ 4. ①
5. ③ 6. statt

7. seine Eltern　　8. ①

9. ①　　10. ③

11. Gamedesign kann an der Mediadesign-Hochschule in Düsseldorf seit 2006 studiert werden.

12. ①　　13. ②

14. um　　15. verloren

Grammatik

1. An einer Hochschule in Düsseldorf lernen Studenten, Spiele für den Computer zu entwickeln. (동사의 목적어)

   1) Vergiss nicht, die Blumen zu gießen.

   2) Thomas freut sich (darüber), wieder zu Hause zu sein.

2. Falko fliegt mit einem kleinen Raumschiff von einem bunten Planeten zum nächsten und versucht, seine Feinde zu töten. (동사의 목적어)

   1 번과 동일!

3. Während einer Ausbildung zum Informatiker hat er entdeckt, dass er lieber etwas Kreatives tun möchte, statt Computer zu reparieren. (상황어)

   1) Um etwas Geld zu verdienen, arbeitet Rosita abends in einem Restaurant.

   2) Inge ging fort, ohne sich zu verabschieden.

4. Wenn er mehrere Stunden mit der Konsole spielt, hat er die Option, das seinen Eltern als Lernen zu verkaufen. (부가어적 용법)

   1) Herr Kim hat keine Lust zu arbeiten.

   2) Ich bin nicht in der Lage, anderen zu helfen.

5. In Deutschland gibt es wenige Möglichkeiten, Spieleentwickler zu werden. (부가어적 용법)

   4번과 동일!

6. Die Studenten lernen Programmieren, die Arbeit mit Grafik- und Animationsprogrammen und Figuren für ein Spiel zu entwickeln. (동사의 목적어)

   1번과 동일!

7. Der Spielbereich wächst in manchen Jahren sogar um 20 Prozent, weiß sie zu berichten. (동사의 목적어)

   1 번과 동일!

3. Wirtschaft

Ausverkauf der Kaufhäuser

Fragen zum Text

1. Was ist "Arcandor"?

   Arcandor ist ein Warenhaus-Konzern.

2. Wofür steht die Abkürzung "KaDeWe"?

   Die Abkürzung steht für "Kaufhaus des Westens".

3. Was empfiehlt der Konsum-Forscher Ingo Balderjahn?

   Er empfiehlt, dass sich die meisten Kaufhäuser auf den Discount-Bereich konzentrieren sollen, damit sie überleben können.

4. 1) ②　　2) ②

   3) ①　　4) ①

Übungen

1. ① 2. ausgesondert
3. ② 4. viel
5. ③ 6. ②
7. ③ 8. ③
9. ①
10. Am Eingang empfangen Düfte aus der Parfümerie-Abteilung den Besucher.
11. überleben 12. überleben, nicht, konzentrieren

Grammatik

1. Wandeln Sie den Text ins Präteritum um!

Waren die Zeiten der großen Kaufhäuser vorbei? Auf jeden Fall nahm ihre Bedeutung deutlich ab. Preiswerte Discounter machten ihnen Konkurrenz. Auch im Internet wurde inzwischen mehr Geld verdient.

Der Warenhaus-Konzern Arcandor wollte weiter sparen: Einige schlecht laufende Warenhäuser sowie Luxus-Kaufhäuser wie das KaDeWe in Berlin sollten aus dem Gesamt-Konzern ausgesondert werden. Ein Verkauf war nicht ausgeschlossen, obwohl das KaDeWe nach wie vor gutes Geld verdiente. Zwischen 40.000 und 50.000 Besucher zählte das "Kaufhaus des Westens" täglich. In der Zeit vor Weihnachten besuchten manchmal sogar bis zu 180.000 Menschen den Berliner Konsumtempel.

Arcandor zielte künftig noch stärker auf die Mittelschicht. Experten aber bezweifelten, dass diese Absicht Erfolg hatte. Denn nach Ansicht des Konsum-Forschers Ingo Balderjahn von der Universität Potsdam entwickelte sich der Markt in zwei Richtungen: in den Discount- sowie in den Luxus-Bereich. Die Lebensmittel-Discounter Aldi oder Lidl zum Beispiel boten seit Jahren ebenfalls Kleidung, Elektronik-Artikel und Haushaltsgeräte an. Sie jagten den Warenhäusern damit Kundschaft ab. Diese reagierten allerdings inzwischen und gestalteten viele ihrer Häuser um.

So öffnete bei der "Galeria Kaufhof" in Berlin ein Portier die Türen. Am Eingang wurde der Besucher von Düften aus der Parfümerie-Abteilung empfangen. Auch das Waren-Sortiment veränderte sich. Konsum-Forscher Ingo Balderjahn glaubte, dass sich einige wenige Luxus-Kaufhäuser wie das "Kaufhaus des Westens" in Zukunft weiter behaupten konnten. Die meisten Kaufhäuser konnten wahrscheinlich aber nur überleben, wenn sie sich auf den Discount-Bereich konzentrierten.

2. Finden Sie im Text alle untrennbaren Verben und bilden Sie je einen Satz dazu!

1) Er hat sich sein Studium selbst verdient.

2) Das Restaurant war gut besucht.

3) Ich bezweifle, dass er das getan hat.

4) Daraus entwickelte sich eine Diskussion.

5) Der Hausherr empfängt die Gäste in der Halle.

6) Bei uns hat sich vieles verändert.

7) Er behauptet, sie nicht zu kennen.

8) Sie haben den Krieg überlebt.

Poseidon

Fragen zum Text

1. Womit ist Poseidon beschäftigt?

   Er rechnet an seinem Arbeitstisch.

2. Macht ihm seine Arbeit Spaß?

   Nein. Er macht die Arbeit nur, weil sie ihm auferlegt wurde.

3. Worum hat sich Poseidon beworben?

   Er hat sich um fröhlichere Arbeit beworben.

4. Warum hat er seine Stellung als Meeresgott nicht gewechselt?

   Weil ihm nichts so zusagte wie die bisherige Arbeit.

5. Wie reagiert Poseidon auf das Angebot einer Stellung außerhalb des Meeres?

   Ihm wird übel, er atmet unruhig, und sein Brustkorb gerät ins Schwanken.

6. Wie reagiert man bei Beschwerden von Poseidon?

   Man nimmt sie nicht wirklich ernst.

7. Worüber ärgert sich Poseidon am meisten?

   Er ärgert sich über die Vorstellung, die man sich von ihm macht.

8. Warum kennt Poseidon sein eigenes Reich nicht?

   Weil er mit dem Rechnen beschäftigt ist.

9. Wohin reist Poseidon gelegentlich?

   Er reist auf den Olymp zu Jupiter.

10. In welcher Stimmung kehrt Poseidon jedes Mal von seiner Reise zurück?

    Meistens kehrt er wütend zurück.

11. Welchen Plan hat er für die Zukunft?

Kurz vor dem Weltuntergang möchte er eine kleine Rundfahrt durch die Meere machen.

Übungen

1. ④ 2. ④

3. ④ 4. ②

5. ③

6. Und wenn man ihm eine Stellung außerhalb des Wassers anbot

7. ④

8. ③ 9. ①

10. ④ 11. ③

Grammatik

1. Setzen Sie im folgenden Text Kommas an die richtigen Stellen!

Poseidon saß an seinem Arbeitstisch und rechnete. Die Verwaltung aller Gewässer gab ihm unendliche Arbeit. Er hätte Hilfskräfte haben können, wie viel er wollte, und er hatte auch sehr viele, aber da er sein Amt sehr ernst nahm, rechnete er alles noch einmal durch und so halfen ihm die Hilfskräfte wenig. Man kann nicht sagen, dass ihn die Arbeit freute, er führte sie eigentlich nur aus, weil sie ihm auferlegt war, ja er hatte sich schon oft um fröhlichere Arbeit, wie er sich ausdrückte, beworben, aber immer, wenn man ihm dann verschiedene Vorschläge machte, zeigte es sich dass, ihm doch nichts so zusagte, wie sein bisheriges Amt. Es war auch sehr schwer, etwas anderes für ihn zu finden. Man konnte ihm doch unmöglich etwa ein bestimmtes Meer zuweisen; abgesehen davon, dass auch hier die rechnerische Arbeit nicht kleiner, sondern nur kleinlicher war, konnte der große Poseidon doch immer nur eine beherrschende Stellung bekommen. Und bot man ihm eine Stellung außerhalb des Wassers an, wurde ihm schon von der Vorstellung übel, sein göttlicher Atem geriet in Unordnung, sein eherner Brustkorb schwankte.

5. Gesellschaft

Eine TV-Dokumentation über den Freitod

Fragen zum Text

1. Welche Angelegenheit machte uns wieder auf das Thema "Freitod" aufmerksam?

   ① *eine Inszenierung der Sterbehilfe*

2. Wer hat den Selbstmord dokumentiert?

   ③ *John Zaritsky*

3. In welchem Land wurde die Sterbehilfe legalisiert?

   ③ *in der Schweiz*

4. Was sei seitens des Senders der Zweck der TV-Dokumentation über den Freitod?

   ① *Aufklärung*

Übungen

1. ②
2. ③
3. konnte, ernährt
4. ④
5. Forderung
6. um
7. darf
8. Voyeurismus
9. zuzuwenden, lindern
10. Tätowieren

Grammatik

1. 1) *Er konnte nicht mehr eigenständig atmen und musste künstlich ernährt werden.*
   2) *Während der britische Premierminister Gordon Brown die Medien aufrief, mit dem Thema sensibel umzugehen,* verteidigte der Sender die Ausstrahlung...
   3) In Deutschland kritisierte die Hospizstiftung, *dass der Film verwerflich und voyeuristisch inszeniert wurde.*
   4) *Unterstützt wurde* Wolfgang Bosbach von Bundesärztekammer-Präsident Jörg- Dietrich Hoppe.
   5) *Ganz anders reagierte* die 79 Jahre alte Neuseeländerin Paula Westoby.

2. 1) Bei dieser Dokumentation über den Freitod eines Schwerkranken gehe es *um die Befriedigung des Voyeurismus und die Werbung für eine sehr umstrittene Organisation.*
   2) Aber es gibt *kein Recht auf Tötung.*
   3) *Seine Forderung lautete,* die Geschäfte mit Selbsttötungen zu verbieten

6. Film

Good Bye, Lenin!

Fragen zum Text

1. Wer ist die Familie Kerner?

   Die Familie Kerner lebt in Ostberlin und besteht aus dem Vater Robert, einem Arzt, der Mutter Christiane, einer Lehrerin, und den Kindern Ariane und Alex.

2. Was sind die Folgen von Robert Kerners Flucht nach Westberlin für Christiane?

   Nach der Flucht ihres Mannes wird Christiane depressiv und muss sich psychisch behandeln lassen. Als allein erziehende Mutter kümmert sie sich um ihre Kinder und wird politisch aktiv.

3. Was geschieht im Jahre 1989?

   1989 feiert die DDR ihr 40-jähriges Bestehen und Ariane ist Mutter geworden. Alex arbeitet als Fernsehmonteur und lernt auf einer Demo die Russin Lara kennen. Als Alex von der Polizei festgenommen wird, erleidet seine Mutter einen Herzinfarkt und fällt in ein Koma.

4. Was machen Ariane und Alex nach der Wende?

   Ariane hört auf zu studieren und arbeitet bei Burger King. Alex wird arbeitslos, findet aber bald eine neue Stelle in einer westlichen Firma.

5. Was verheimlicht Alex seiner Mutter?

   Alex verheimlicht seiner Mutter, dass Deutschland wiedervereint ist und dass sich dadurch die politische Situation geändert hat.

6. Wann will Alex seiner Mutter die Wahrheit sagen?

   Bei einem Ausflug zur Datsche der Familie.

7. Was gesteht Christiane ihrem Sohn?

   Christiane gesteht, dass die Flucht des Vaters im Sommer 1978 von beiden geplant war und dass sie mit den Kindern nachkommen sollte.

8. Wie reagiert Alex auf den zweiten Herzinfarkt seiner Mutter?

   Er sucht seinen Vater in Wannsee und bittet ihn, seine Mutter im Krankenhaus zu besuchen.

9. Sind folgende Aussagen richtig oder falsch? Korrigieren Sie die falschen Aussagen!

   i. Familie Kerner arbeitet für die Stasi. *(F)*

   Familie Kerner lebt als normale Familie in Ostberlin und arbeitet nicht für die Stasi.

   j. Ariane flüchtet nach Westberlin. *(F)*

   Nicht Ariane, sondern ihr Vater Robert flüchtet nach Westberlin.

   k. Christiane erleidet eine Herzattacke. *(R)*

   l. Alex sitzt im Gefängnis. *(R)*

   m. Honecker vereint Ost- und West-Deuschland. *(F)*

   Honecker tritt von seinem Amt zurück.

   n. Lara macht eine Ausbildung im Hospital. *(R)*

   o. Alex bringt seiner Mutter Schritt für Schritt die politische Realität bei. *(F)*

   Alex verheimlicht seiner Mutter die politische Realität.

   p. Christiane erholt sich von ihrem Infarkt und zieht zu ihrem Mann nach Wannsee. *(F)*

   Christiane stirbt an den Folgen ihres Herzinfarkts friedlich im Krankenhaus.

Lösungen

1. ③
2. ①
3. ②
4. Reform verlangenden Bürgerrechtlern
5. freigelassen
6. ④
7. Wiedervereinigung
8. ①
9. 크리스티아네를 절대로 혼란스럽게 하지 않으려고
10. ③
11. ②
12. ④
13. Gelegenheit

Grammatik

1\. 1) *Er konnte nicht mehr eigenständig atmen und musste künstlich ernährt werden.*

1\. 1) Die Mutter kam nicht mit den Kindern nach.
An ihrer Stelle *wäre ich mit den Kindern nachgekommen.*

2) Die Tochter hat das BWL-Studium aufgegeben.
An ihrer Stelle *hätte ich das BWL-Studium nicht aufgegeben*.

3) Alex hat die Wahrheit über die wahren politischen Verhältnisse nicht aufgeklärt.
An seiner Stelle *hätte ich die Wahrheit über die wahren politischen Verhältnisse aufgeklärt*.

2\. 1) Sie haben Alex' Mutter glauben lassen, als ob *Laboratorien der DDR den originellen Geschmack von Coca Cola entwickelt hätten.*
또는 *als hätten Laboratorien der DDR den originellen Geschmack von Coca Cola entwickelt.*

2) Sie haben vorgetäuscht, als ob *die Bürger der BRD in die DDR einwandert wären*. 또는 *als wären die Bürger der BRD in die DDR einwandert*.

3) Sie haben so getan, als ob *die DDR am 41. Jahrestag ihrer Gründung in einem Akt nationaler Stärke ihre Grenzen zur Bundesrepublik geöffnet hätte*. 또는 *als hätte die DDR am 41. Jahrestag ihrer Gründung in einem Akt nationaler Stärke ihre Grenzen zur Bundesrepublik geöffnet*.

3. Wählen Sie die passenden Präpositionen aus!

Im Oktober 1989 zieht Christiane Kerner ihr bestes Kleid an und fährt mit dem Taxi zum "Palast der Republik", um *anlässlich* der 40-Jahr-Feier der DDR eine Auszeichung zu erhalten. Da kommen *von* allen Seiten Polizeifahrzeuge und blockieren die Straße. Der Taxifahrer rät Christiane, zu Fuß weiterzugehen. Die Polizisten knüppeln einen Schweigemarsch *für* die Freiheit nieder. Plötzlich sieht Christiane, wie ihr Sohn *von* zwei Polizisten abgeführt und zu anderen Festgenommenen *auf* einen Lkw gestoßen wird.Sie bricht sie zusammen und fällt *ins* Koma.

Acht Monate später wacht Christiane *aus dem* Koma auf. Christiane darf keine Aufregung, weil die kleinste Aufregung lebensgefährlich sein könnte. Sie darf also nichts *über* die Veränderung der letzten Monaten erfahren. Um sie jedoch zu schonen, beschließt Alex, ihr den vertraut verstaubten Alltag vorzuspielen und trimmt die inzwischen verwestlichte Wohnung wieder *auf* DDR-Niveau. *Für* Alex beginnt eine atemberaubend anstrengende Zeit. Er hat größte Mühe, die längst aus den Läden verschwundenen Ost-Produkte für seine Mutter zu organisieren. Im mütterlichen Schlafzimmer sammeln sich die Requisiten der alten Zeit., *Mit* seinem filmbegabten Kumpel Denis fängt er an, eigene Folgen der "Aktuellen Kamera" nachzudrehen.

Noch einmal gaukelt Alex seiner Mutter eine Nachrichtensendung vor.Sigmund Jähn sei der Nachfolger des aus gesundheitlichen Gründen *von* seinen Ämtern zurückgetreten Erich Honecker, heißt es. Der neue Staatsratsvorsitzende habe beschlossen, die Berliner Mauer einzureißen, um die unzufriedenen Bundesbürger hereinzulassen. Christiane ist glücklich *darüber*, dass sich ihr Staat am Ende als der bessere erwiesen hat und sich nun *gegenüber* den Menschen aus dem Westen großzügig zeigt. Drei Tage später stirbt die Mutter *während* der Feierlichkeiten zur Wiedervereinigung.

4. Schreiben Sie noch einmal alle Verben mit Präpositionen aus dem Test im Infinitiv auf!

zurückkehren von etw.(3), versinken in etw.(3), verlangen von etw.(3), geraten in etw.(4), fallen in etw.(4), arbeiten bei etw.(3), einziehen bei jn.(3), einrichten in etw.(3), sichverlieben in jn.(4), glauben an etw.(3), jdn. aufklären über etw.(4), führen zu etw.(3)

Philosophie des Frühstücks

Fragen zum Text

1. Was versteht man unter dem Satz "Der Mensch ist, was er isst"?

   Das Sein / Die Existenz des Menschen hängt von der Nahrung ab.

2. Welche Mahlzeit steht hier im Mittelpunkt der Frage einer Philosophie der Ernährung?

   Das Frühstück.

3. In welcher Situation sagt man den Spruch "Er hat schlecht gefrühstückt"?

   Wenn jemand schlecht gelaunt ist.

4. Was wird bei der Wahl des Getränkes zum Frühstücken ausgedrückt?

   Das Verhältnis zur Zeit.

5. Wie ist das Verhältnis von Kaffee und Zeit?

   Kaffee bedeutet: keine Zeit haben. Die Zeit ist wie ein Pfeil.

6. Was braucht ein Teetrinker?

   Er braucht Ruhe und Gelassenheit und damit viel Zeit.

7. Was bedeutet "die zyklische Zeit"?

   Das bedeutet: Die Ewigkeit Gottes.

Übungen

1. ③ 2. ①

3. ② 4. 차가 너무 연하면, 종일을 망치게 된다.

5. ③ 6. ②

7. ein hartes Frühstücksei oder ein verbrannter Toast

8. die Wahl des Getränkes auf unserem Verhältnis zur Zeit beruht.

9. 기회가 찾아왔을 때 이를 포착하는 것이 중요하다는 뜻이다.

10. ② 11. (lässt) (sich) (machen)

12. ③ 13. ②

14. Immergleichen 15. ③

16. ③

Grammatik

1. Wandeln Sie die folgenden Sätze in indirekte Rede um!

1) Von ihm stammt der Satz: "Der Mensch ist, was er isst."

Von ihm stammt der Satz, der Mensch sei, was er esse.

2) Es heißt im Volksmund: "Er hat schlecht gefrühstückt".

Es heißt im Volksmund, er habe schlecht gefrühstückt.

2. Wandeln Sie die folgenden Sätze in direkte Rede um!

1) So mag man denn einwenden: "Man muss zwar essen, aber nicht unbedingt frühstücken, um zu sein."

2) Die Frage lautet nicht nur: "Wie soll der Mensch sein?"

3) Viele Leute meinen: "Es ist eine Geschmackssache, ob man Kaffee oder Tee zum Frühstück trinkt."

Krieg in Gaza und im Internet

Fragen zum Text

1. Wozu und auf welche Weise wird das Internet missbraucht?

   Durch Bilder, die Schrecken und Unwahrheiten verbreiten, wird das Internet zu Propagandazwecken missbraucht.

2. Zu welchem Zweck waren Portale wie "YouTube" und "flickr" eigentlich gedacht?

   Für den Austausch von Musikvideos, Fachgespräche von Fotografen und Designern und das Wiederfinden alter Freunde.

3. Wer oder was ist "Al-Dschasira"?

   Ein arabischer Nachrichtensender.

4. Was wurde in einem Video gezeigt, das sehr viele Internetnutzer gesehen haben?

   Es wurde der gezielte Beschuss eines Transporters, der von palästinensischen Kämpfern mit Raketen beladen wurde, gezeigt.

5. Entsprechen solche Berichte der Wahrheit? Was sagt der Text dazu?

   Solche Bilder entsprechen nicht der Wahrheit. Es stellte sich heraus, dass die angeblichen Raketen in Wahrheit Sauerstoffflaschen waren und die angeblichen Terroristen einfache Zivilisten. - Es finden sich Hunderte solcher vermeintlicher Kriegsberichte, doch fehlen oft die Beweise.

6. Wie reagieren die Internetnutzer zum Teil auf den virtuellen Krieg?

Sie reagieren mit unzumutbaren Kommentaren wie z.B. "Drecksjude" oder mit Vergleichen mit Nazigräueltaten.

Übungen

1. ③

2. von dem arabischen Nachrichtensender Al-Dschasira gesendete

3. ④ 4. ①

5. Wenn 6. das heiß umkämpft sei.

7. ④

8. 가상전쟁에 참여하는 유저들 간에도 전선이 강화되고 있다.

Grammatik

1. Unterstreichen Sie die Relativsätze in dem Text.

Dies geschieht, indem sie Bilder zeigen, die Schrecken und Unwahrheiten verbreiten. Sie werden auch zu Werkzeugen, die man gut zu Propagandazwecken einsetzen kann. Portale, die ursprünglich für den Austausch von Musikvideos, für die Fachgespräche von Fotografen und Designern oder für das Wiederfinden alter Freunde geschaffen wurden, werden seit Kriegsbeginn von Kriegsbildern überflutet.

Sich aus den hunderttausendfachen Bildern und Kommentaren ein Bild zu machen, das der Wahrheit entspricht, ist fast unmöglich.

Am Anfang waren es vor allem einzelne Eindrücke von den Kampfhandlungen, die hochgeladen wurden.

Die israelische Außenministerin Zipi Livni hatte sich vor einigen Tagen über Berichte beklagt, die von dem arabischen Nachrichtensender Al-Dschasira gesendet wurden.

Hatte YouTube in der letzten Woche noch Kriegsvideos, die gezielt vom israelischen Verteidigungsministerium dort veröffentlicht wurden, aus dem Netz genommen, so geschieht das inzwischen nicht mehr.

Videos, die von Millionen von Nutzern in aller Welt angeklickt werden, zeigten etwa den gezielten Beschuss eines Transporters, den palästinensische Kämpfer gerade mit Raketen beladen.

Und die angeblichen Terroristen waren einfache Zivilisten, die ihr Hab und Gut in Sicherheit brachten.

Gibt man bei den einzelnen Suchmaschinen Wörter wie "Gaza" oder "Israel" ein, finden sich Hunderte solcher vermeintlicher Kriegsberichte, die oft gezielt von israelischer Seite mit Informationen unterfüttert werden.

Die israelische Armee ist die einzige weltweit, die einen eigenen YouTube-Channel besitzt.

Auch unter den Nutzern, die den virtuellen Krieg verfolgen, verhärten sich die Fronten.

2. Wandeln Sie die letzten drei Abschnitte ins Präteritum um!

Auch in Diskussionsforen *wurden* Unwahrheiten verbreitet und Meinungen gezielt beeinflusst. Eine Pressesprecherin des israelischen Verteidigungsministeriums sagte dazu, man betrachte das Internet ebenso als Kriegsgebiet, das heiß umkämpft sei. Die israelische Armee *war* die einzige weltweit, die einen eigenen YouTube-Channel *besaß*. Die israelische Botschaft in New York *sendete* außerdem aus einem Twitter-"Pressezentrum".

Bei der Hamas *nahm* in den vergangenen Tagen die Internetpräsenz ebenfalls deutlich *zu*. Mit eigenen Seiten *versuchte* sie besonders im arabischen Raum, gezielt Propaganda zu machen. Darüber hinaus *wurden* Hacker beauftragt. Sie *sollten* die israelischen Internetportale zerstören.

Auch unter den Nutzern, die den virtuellen Krieg *verfolgten*, *verhärteten* sich die Fronten. Unzumutbare Kommentare wie "Drecksjuden" oder Vergleiche mit Nazigräueltaten unter diversen YouTube-Videos *zeigten* dies.

9. Literatur II

Legende von der Entstehung des Buches Tao Te King auf dem Weg des Laotse in die Emigration

Fragen zum Text

Das Gedicht erzählt, wie der Weise Laotse im hohen Alter seine Heimat verlässt, weil er mit den Zuständen dort nicht einverstanden ist. Er packt seine wenige Habe zusammen und auf einem Ochsen reitend, der von einem Jungen geführt wird, verlässt er das Land. Am vierten Tag wird er von einem Zöllner angehalten, der ihn zunächst fragt, ob er etwas zu verzollen habe. Laotse aber ist arm, was der Junge erklären kann: "Er hat gelehrt." Das weckt die Neugier des Zöllners und er bittet den Weisen, seine Lehren aufzuschreiben. Auf diese Weise entsteht das Buch Tao Te King, quasi als Zoll. Am Ende steht ein Dank an den Zöllner:

Darum sei der Zöllner auch bedankt: Er hat sie (=die Weisheit) ihm abverlangt. Während in den ersten zehn Strophen ausschließlich die Rede von einem Lehrer bzw. weitaus öfter noch von einem Alten ist, ändert sich dies schlagartig mit Laotses Entscheidung sich aufzuhalten und sein Wissen zu vermitteln. Von dieser Entscheidung an (Und von seinem Ochsen stieg der Weise) ist nur noch von einem Weisen die Rede. Für Brecht ist Weisheit somit durch zwei Dinge geprägt: Wissen und die Bereitschaft, dem Weisen Wissen zu entreißen.

Übungen

1. ② 2. ②
3. ③ 4. ③
5. ④ 6. ④
7. ④ 8. ②

Grammatik

• Finden Sie und unterstreichen Sie die trennbaren Verben!

I. Als er Siebzig war und war gebrechlich
Drängte es den Lehrer doch nach Ruh
Denn die Güte war im Lande wieder einmal schwächlich
Und die Bosheit nahm an Kräften wieder einmal zu.
Und er gürtete den Schuh.

II. Und er packte ein, was er so brauchte:
Wenig. Doch es wurde dies und das.
So die Pfeife, die er abends immer rauchte
Und das Büchlein, das er immer las.
Weißbrot nach dem Augenmaß.

III. Freute sich des Tals noch einmal und vergaß es
Als er ins Gebirg den Weg einschlug
Und sein Ochse freute sich des frischen Grases
Kauend, während er den Alten trug.
Denn dem ging es schnell genug.

IV. Doch am vierten Tag im Felsgesteine
Hat ein **Zöllner** ihm den Weg verwehrt:
"Kostbarkeiten zu verzollen?" – "Keine."
Und der Knabe, der den Ochsen führte, sprach: "Er hat gelehrt."
Und so war auch das erklärt.

V. Doch der Mann in einer heitren Regung
Fragte noch: "Hat er was rausgekriegt?"
Sprach der Knabe: "Dass das weiche Wasser in Bewegung
Mit der Zeit den harten Stein besiegt.
Du verstehst, das Harte unterliegt."

VI. Dass er nicht das letzte Tageslicht verlöre
Trieb der Knabe nun den Ochsen an
Und die drei verschwanden schon um eine schwarze Föhre
Da kam plötzlich Fahrt in unsern Mann
Und er schrie: "He, du! Halt an!

VII. Was ist das mit diesem Wasser, Alter?"
Hielt der Alte: "Interessiert es dich?"
Sprach der Mann: "Ich bin nur Zollverwalter
Doch wer wen besiegt, das interessiert auch mich.
Wenn du's weißt, dann sprich!

VIII. Schreib mir 's auf! Diktier es diesem Kinde!
So was nimmt man doch nicht mit sich fort.
Da gibt 's doch Papier bei uns und Tinte
Und ein Nachtmahl gibt es auch: ich wohne dort.
Nun, ist das ein Wort?"

IX. Über seine Schulter sah der Alte
Auf den Mann: Flickjoppe. Keine Schuh.
Und die Stirne eine einzige Falte.
Ach, kein Sieger trat da auf ihn zu.
Und er murmelte: "Auch du?"

X. Eine höfliche Bitte abzuschlagen
War der Alte, wie es schien, zu alt.
Denn er sagte laut: "Die etwas fragen
Die verdienen Antwort." Sprach der Knabe: "Es wird auch schon kalt."
"Gut, ein kleiner Aufenthalt."

XI. Und von seinem Ochsen stieg der Weise
Sieben Tage schrieben sie zu zweit.
Und der Zöllner brachte Essen (und er fluchte nur noch leise
Mit den Schmugglern in der ganzen Zeit).
Und dann war's soweit.

XII. Und dem Zöllner händigte der Knabe
Eines Morgens einundachtzig Sprüche ein.
Und mit Dank für eine kleine Reisegabe
Bogen sie um jene Föhre ins Gestein.
Sagt jetzt: kann man höflicher sein?

XIII. Aber rühmen wir nicht nur den Weisen
Dessen Name auf dem Buche prangt!
Denn man muss dem Weisen seine Weisheit erst entreißen.
Darum sei der Zöllner auch bedankt:
Er hat sie ihm abverlangt.

10. Technik

Serviceroboter MARGe und BARt-UH schon bald im Einsatz - Mechatronik macht es möglich

Fragen zum Text

1. Wie heißt der Roboter in der nebenstehenden Abbildung? Beschreiben Sie, woran Sie ihn erkennen können und in welchem Bereich er eingesetzt werden kann. Antworten Sie in zwei bis drei vollständigen Sätzen!

Der Roboter heißt BARt-UH. Er ist an seinen Beinen mit Gelenken zu erkennen. Er kann auf unebenem Gelände eingesetzt werden, Treppen steigen und Hindernisse überwinden.

2. In welchem Bereich kann MARGe eingesetzt werden? Welche Gründe werden dafür gegeben? Antworten Sie in ein bis zwei vollständigen Sätzen!

MARGe kann Aufgaben im Dienstleistungsbereich übernehmen. Er

kann z. B. schwere Transportbehälter oder Krankenhausbetten schieben.

3. Was wollte man ursprünglich durch Mechatronik erreichen? Vervollständigen Sie den folgenden Satz:
   Ursprünglich wollte man mechanische Komponenten durch Elektronik ergänzen.

4. Aus welchen klassischen Disziplinen hat sich die Mechatronik entwickelt?
   1) Mechanik (Technische Mechanik, Maschinenbau, Feinwerktechnik)
   2) Elektrotechnik (Mikroelektronik, Leistungselektronik, Messtechnik, Aktorik)
   3) Informatik (Systemtheorie, Prozessdatenverarbeitung, künstliche Intelligenz)

5. Was erreicht man durch die Mechatronik heute? Vervollständigen Sie den folgenden Satz:
   Heute erreicht man durch die Mechatronik eine verbesserte Funktionalität technischer Systeme.

6. Warum sind die Roboter MARGe und BARt-UH Modelle für die Zukunft? Antworten Sie in ein bis zwei vollständigen Sätzen!
   Roboter wie MARGe und BARt-UH werden erst in der Zukunft wirklich gut entwickelt und kostengünstig zu produzieren sein.

Übungen

1. ③ 2. ③

3. ② 4. ④

5. MARGe ist ein sich um die eigene Achse und zur Seite drehender Roboter auf Rädern

6. ③ 7. ②

8. Sie wurden am Mechatronik-Zentrum der Universität Hannover entwickelt,

9. ③ 10. ②

11. Im Mechatronik-Zentrum der Universität Honnover praktiziert man diesen interdisziplinären Ansatz erfolgreich.

12. geht

13. erforderlich

Grammatik

1. Wandeln Sie folgende Sätze in Aktivsätze um!

1) Das Mechatronik-Zentrum der Universität Hannover wurde 2000 als Innovationsprojekt gegründet.

Man gründete 2000 das Mechatronik-Zentrum der Universität Hannover als Innovationsprojekt.

2) Dieser interdisziplinäre Ansatz wird erfolgreich praktiziert.

Man praktiziert diesen interdisziplinären Ansatz erfolgreich.

2. Wandeln Sie folgende Sätze in Passivsätze um!

1) Vielleicht kann er eines Tages Menschen aus Flammen und Feuer retten, wenn es für Feuerwehrleute zu gefährlich wird.

Vielleicht können eines Tages Menschen aus Flammen und Feuer von ihm gerettet werden, wenn es für Feuerwehrleute zu gefährlich wird.

2) Sieben Institute aus den drei Fachbereichen und in Kürze auch das neue Produktionstechnische Zentrum Hannover forschen dort an Arbeitsgebieten wie autonome, mobile Roboter für Serviceanwendungen, Mechatronik im Kraftfahrzeug etc.

Es wird dort an Arbeitsgebieten wie autonome, mobile Roboter für Serviceanwendungen, Mechatronik im Kraftfahrzeug etc. von sieben Instituten aus den drei Fachbereichen und in Kürze auch das neue Produktionstechnische Zentrum Hannover geforscht.

3. Formulieren Sie folgende Sätze in Partizipialkonstruktionen um!

1) MARGe ist ein mobiler Roboter auf Rädern, der sich um die eigene Achse und zur Seite dreht.

MARGe ist ein sich um die eigene Achse und zur Seite drehender mobiler Roboter auf Rädern.

2) Aber sein "Bruder" BARt-UH bewegt sich auf zwei Beinen vorwärts, die mit drei Gelenken ausgestattet sind.

Aber sein "Bruder" BARt-UH bewegt sich auf zwei mit drei Gelenken ausgestatteten Beinen vorwärts.

3) Sie wurden am Mechatronik-Zentrum der Universität Hannover entwickelt, das 2000 als Innovationsprojekt gegründet wurde.

Sie wurden am 2000 als Innovationsprojekt gegründeten Mechatronik-Zentrum der Universität Hannover entwickelt.

4) Und es geht um Bereiche, die heute schon das tägliche Leben betreffen.

Und es geht um heute schon das tägliche Leben betreffende Bereiche.

부록

Anhang III

Lesekurs Deutsch

더 읽을 거리

Zusatzmaterialien

1. Deutschland beim Atomausstieg allein auf weiter Flur

Fukushima konnte die Atomenergie nicht stoppen: Die Zahl der Kernkraftwerke ist seit der Reaktorkatastrophe weltweit fast konstant geblieben. Doch ohne staatliche Gelder geht kaum ein Meiler ans Netz.

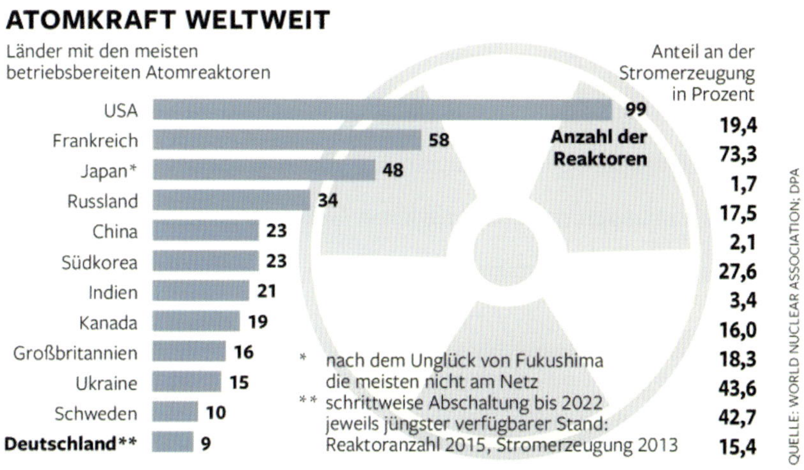

DIE WELT

Vier Jahre nach der Reaktorkatastrophe von Fukushima findet der deutsche Atomausstieg weltweit nur wenige Nachahmer. Nach den Zahlen der Internationalen Atomenergieagentur IAEA sind derzeit weiterhin 440 Kernkraftwerke in Betrieb. Das entspricht dem langjährigen Mittel seit 1995.

Im Jahr des Fukushima-Unglücks, 2011, waren weltweit lediglich sieben Meiler mehr am Netz als heute. Nach den Kernschmelzen, die durch ein Erdbeben und einen Tsunami ausgelöst worden waren, hatte Japan zeitweise alle Atomkraftwerke abschalten lassen. Inzwischen plant die Regierung Abe wieder das Anfahren der meisten Meiler. Außerhalb Japans hatten Deutschland, Italien und die Schweiz mit Atomausstiegsbeschlüssen unterschiedlicher Qualität auf die Reaktorkatastrophe reagiert.

Laut Branchenstatistik sind derzeit weltweit 68 Reaktoren im Bau. Das ist nach Angaben der World Nuclear Association (WNA) die höchste Zahl seit 25 Jahren. Bemerkenswert ist jedoch, dass es so gut wie keine Bauprojekte in liberalisierten Energiemärkten mehr gibt. Die weit überwiegende Anzahl der Reaktoren entsteht unter staatlicher Planwirtschaft mithilfe von Subventionen.

In diesem Jahr sind zwei Atomkraftwerke, jeweils eins in China und Südkorea, neu ans Netz gegangen. Im vergangenen Jahr waren es fünf Inbetriebnahmen in Argentinien, China und Russland. Drei Staaten – die Vereinigten Arabischen Emirate, Weißrussland und Argentinien – haben 2014 den Baubeginn neuer Anlagen gemeldet.

Nach Berechnungen der atomkritischen Umweltorganisation Greenpeace ist der Anteil der Atomstromproduktion an der weltweiten Stromerzeugung zwischen 2011 und 2013 auf ein Rekordtief von elf Prozent gesunken. Der größte Teil des Rückgangs war dabei allerdings auf die Abschaltung der japanischen und deutschen Reaktoren zurückzuführen.

Zwar sei der Anteil der Atomenergie auch in 16 weiteren Staaten zurückgegangen, darunter Finnland, USA, Frankreich und Südkorea, berichtet

Greenpeace weiter. Doch ob dies als Beleg für einen "beschleunigten globalen Abwärtstrend" gelten kann, wie Greenpeace glaubt, ist zweifelhaft. Unter den aufgezählten Ländern will insbesondere Frankreich zwar seinen Atomstromanteil deutlich reduzieren. In Finnland aber wird über den Bau eines weitern Atomkraftwerks nachgedacht, Südkorea plant ebenfalls weitere Anlagen.

Die Entwicklung in Europa ist uneinheitlich. Deutschland hat als einziges Land nach Fukushima quasi über Nacht acht Reaktoren stillgelegt, die eigentlich geplante Laufzeitverlängerung wieder kassiert und die Stilllegung aller Meiler bis 2022 gesetzlich verordnet.

Als Nächstes wird im Mai diesen Jahres wird das bayerische Atomkraftwerk Grafenrheinfeld abgeschaltet. Angesicht eines Mangels an sicher planbarer Kraftwerksleistung hoffen die Stromnetzbetreiber nun, Bayern bis zum Winter dieses Jahres mit der sogenannten Thüringer Strombrücke an Nordostdeutschland anschließen zu können, wo es große Braunkohlekraftwerke, Wind- und Solarparks gibt.

Die Schweiz hat unter dem Eindruck von Fukushima einen langfristigen Atomausstieg geplant. In Schweden gilt es nach dem Wahlsieg der rot-grünen Koalition als unwahrscheinlich, dass es zum Ersatz alter Atomkraftwerke durch Neubauten kommt. Belgien hat jüngst die für 2015 geplante Abschaltung zweier Meiler verschoben, weil es technische Pannen an anderen Reaktoren gegeben hat und die Versorgungssicherheit im Land deshalb als relativ stark gefährdet gilt.

Bei der Energieerzeugung ist die EU keine Union

Allerdings gibt der europäische Strommarkt keine Preissignale, die den Bau von Atomkraftwerken rechtfertigen würden. Die Großhandelspreise für Strom sind, zum Teil wegen der starken Subventionierung von Ökostrom in Deutschland, Dänemark und anderen europäischen Staaten, so stark gesunken, dass sich neue Atomkraftwerke nicht mehr refinanzieren ließen. Auch Tschechien hat deshalb bereits jüngst von der Erweiterung des AKW Temelín Abstand genommen.

Marktpreissignale, die für den Bau von Atomkraftwerken sprechen, sind auch in naher Zukunft eher unwahrscheinlich: Seit die USA mithilfe der Fracking-Technologie für eine neue Schwemme von Öl und Gas auf dem Weltmarkt sorgen, sind die Preise für Primärenergie niedrig, sodass sich der Einstieg in die kapitalintensive Atomkraft fast nirgendwo mehr rechnet. Dies gilt umso mehr, als die Reaktorkatastrophe von Fukushima für eine kostspielige Verschärfung der Sicherheitsvorschriften für Atomkraftwerke gesorgt hat.

Seit der globalen Finanzkrise schrecken private Energiekonzerne ohnedies vor sogenannten Klumpenrisiken zurück: Multi-Milliarden-Investments in einzelne Atomkraftwerke gelten ihnen schon als politisch zu unsicher. Selbst wenn in Deutschland der Atomausstiegsbeschluss wieder aufgehoben würde, würde sich wohl kein Investor für neue Atomanlagen finden lassen.

(Nach: Daniel Wetzel, www.welt.de, 11.03.2009)

2. Gedenken im Bundestag

Gauck: "Keine deutsche Identität ohne Auschwitz"

Bundespräsident Joachim Gauck hat die Menschen in Deutschland 70 Jahre nach der Befreiung des Konzentrationslagers Auschwitz vor einem Schlussstrich unter den Holocaust gewarnt. Bundestagspräsident Norbert Lammert fordert von den Jüngeren, "Zeugen der Zeugen" zu werden.

Mit einer Gedenkstunde hat der Bundestag am Dienstag an die Millionen

Opfer des Nationalsozialismus erinnert. An der Veranstaltung zur Befreiung des Konzentrationslagers Auschwitz vor 70 Jahren und zum Holocaust-Gedenktag nahmen unter anderem Bundeskanzlerin Angela Merkel (CDU), Bundespräsident Joachim Gauck, die Spitzen der Verfassungsorgane sowie Überlebende teil.

Bundespräsident Joachim Gauck warnte die Menschen vor einem Schlussstrich unter den Holocaust. "Es gibt keine deutsche Identität ohne Auschwitz", sagte er. "Die Erinnerung an den Holocaust bleibt eine Sache aller Bürger, die in Deutschland leben. Er gehört zur Geschichte dieses Landes."

Bundestagspräsident Norbert Lammert (CDU) sagte, es sei eine bleibende Aufgabe, die Erinnerungen an die Verbrechen der Nationalsozialisten wachzuhalten. Die Nachgeborenen seien für die Vergangenheit nicht verantwortlich, wohl aber für den Umgang mit dieser Vergangenheit. Es gelte, staatlich angeordnete und organisierte Verbrechen "nirgendwo" und "an keinem Platz der Welt" wieder geschehen zu lassen. Die Deutschen müssten sich im Bewusstsein ihrer historischen Verantwortung den drängenden humanitären Herausforderungen der Gegenwart stellen.

Auschwitz stehe als Synonym für den "historisch beispiellosen industrialisierten Völkermord" und dafür, was Menschen Menschen antun könnten, sagte Lammert. Dem europaweiten Vernichtungskrieg der Nazis, den Ghettos und Lagern sei die Ausgrenzung eines Teils der Bevölkerung vorangegangen, "für alle sichtbar, die sehen wollten", erinnerte er. Lammert schloss in das Gedenken an die Opfer auch diejenigen ein, die den Nazis Widerstand geleistet hatten sowie die Menschen, die "vom Trauma des Überlebens gezeichnet" seien. Er forderte die Jüngeren auf, den noch Überlebenden zuzuhören und dadurch zu "Zeugen der Zeugen" zu werden und die Erinnerung weiterzutragen.

Der Holocaust-Gedenktag ist seit 1996 gesetzlich verankert. Am 27. Januar 1945 befreite die Rote Armee Auschwitz. Dort hatten die Nationalsozialisten rund 1,1 Millionen Menschen ermordet. Insgesamt kamen in den Konzentrations- und Vernichtungslagern der Nazis rund sechs Millionen Juden ums Leben. Ziel war die Vernichtung des europäischen Judentums. Zu den Verfolgten zählten aber auch Sinti und Roma, Homosexuelle sowie Oppositionelle.

Holocaust-Gedenktag

Jeweils am 27. Januar wird weltweit des Holocaust gedacht. Das Datum erinnert an die Befreiung des größten Nazi-Konzentrationslagers Auschwitz durch russische Truppen am 27. Januar 1945. Seit 1996 gedenken die Deutschen jeweils an diesem Tag der Millionen Opfer des Völkermords. Im November 2005 verabschiedete auch die Vollversammlung der Vereinten Nationen eine Resolution, die den 27. Januar zum weltweiten Gedenktag macht.

Das 1940 errichtete Konzentrationslager in der südpolnischen Stadt Auschwitz bei Krakau ist zum Inbegriff des Völkermords an den Juden geworden. Dort wurden rund 1,5 Millionen Menschen, die meisten davon Juden sowie viele Tausend Sinti und Roma und Polen ermordet. Insgesamt erfasste das nationalsozialistische Terrorsystem in Europa 24 Hauptlager und etwa 1.000 Außenlager.

Holocaust ist die seit den 80er Jahren gebräuchliche Bezeichnung für die Massenvernichtung der sechs Millionen Juden während des Zweiten Weltkriegs. Der Begriff stammt vom griechisch-lateinischen Wort "holocaustum" ab. Es bedeutet "ganz verbrannt" oder "Brandopfer" und meinte ursprünglich ein Gott wohlgefälliges Opfer. Die Verwendung dieses Begriffs aus der sakralen Sprache für die NS-Verbrechen war deshalb nicht unumstritten. In Israel wird bis heute der eher säkulare hebräische Ausdruck "Schoah" gebraucht. Er bedeutet "Zerstörung" oder "Katastrophe". (KNA)

(Nach: www.faz.net, 27.01.2015)

3. Digitalisierte Arbeitswelt

Bloß keine Computer-Nerds!

Die Digitalisierung der Arbeitswelt ist in aller Munde. Doch auch noch so viele Computer können menschliche Arbeit nicht komplett ersetzen. Bleibt die Frage: Was müssen die Menschen künftig können? Wollen die Betriebe bald nur noch Nerds?

IT-Kenntnisse: Note 1, Kommunikationsfähigkeit: Note 6 - so wäre eine treffende Beschreibung der Protagonisten der Serie "The Big Bang Theory". Unternehmen sagen: Solche wollen wir nicht.

Alle reden von Industrie 4.0 und davon, ob die Roboter uns künftig die Jobs wegnehmen. Doch was ist mit denjenigen Arbeitnehmern, die trotz aller Digitalisierung in den Unternehmen gebraucht werden? Was müssen sie können? Was sollten sie noch lernen? Und wie können die Unternehmen sie dabei unterstützen?

Die Digitalisierung geht immer weiter: Wollen die Unternehmen bald nur noch Nerds beschäftigen?

Zu diesen Fragen hat das arbeitgebernahe Institut der Deutschen Wirtschaft eine repräsentative Studie gemacht, die das Bundeswirtschaftsministerium gefördert hat. 1400 Personalleiter und Geschäftsführer standen dafür Rede und Antwort. Dabei kam heraus: Computerkenntnisse reichen bei weitem nicht aus. Zwar erwarten zwei Drittel der schon heute stark digitalisierten Unternehmen von einem Großteil ihrer Belegschaft künftig IT-Fachwissen. Aber auch soziale Kompetenzen werden immer wichtiger.

"Flexibler, dezentraler, selbständiger"

"Klar ist: Wer sich in einem digitalen Arbeitsumfeld bewegt, muss mit der entsprechenden Technik umgehen können", sagt IW-Arbeitsmarktexperte

Oliver Stettes. "Das reicht aber noch nicht, denn das Internet macht die Arbeit zeitlich flexibler, dezentraler und selbständiger." Dies ermögliche neue Formen der Zusammenarbeit. Arbeitnehmer müssten sich zum Beispiel künftig noch besser selbst organisieren können. Auch das miteinander Reden wird immer entscheidender: Kommunikationsfähigkeit ist gefragter denn je.

Geld verdienen von der Couch aus

Davos empfiehlt den Schulen neues Lernen

Auch was die Unternehmen heute schon dafür tun, sich für die digitalisierte Arbeitswelt zu rüsten, wurde in der Studie abgefragt. Damit Beschäftigte zum Beispiel berufliches Erfahrungswissen aufbauen, erhalten und weiterentwickeln können, setzen Firmen unter anderem auf altersgemischte Teams und den systematischen Wissenstransfer. Jedes zweite der stark digitalisierten Unternehmen ist in dieser Hinsicht schon gut aufgestellt, aber nur jedes vierte der wenig digitalisierten Unternehmen.

Bei der Frage, wie und wo die digitalen Fähigkeiten an sich vermittelt werden sollen, fällt das Votum der Firmen eindeutig aus: Mehr als acht von zehn der heute schon stark digitalisierten Betriebe wünschen sich: Schulen und Unis sollen mehr Computerkenntnisse lehren. Sie sollten auch die Medienkompentenz von Schülern und Studenten stärken. Denn der verantwortungsbewusste berufliche Umgang mit dem Internet werde für viele Beschäftigte immer wichtiger.

(Nach: www.faz.net, 30.01.2016)

독일어 읽기 개정판 제2권

Lesekurs Deutsch Band 2

초판 1쇄 발행	2012년 8월 30일
개정판 1쇄 발행	2016년 2월 28일
개정판 2쇄 발행	2022년 8월 29일
개정판 3쇄 발행	2025년 9월 24일
지은이	장은수·Hans-Alexander Kneider 김형래·서유정·Kai Köler 김영옥·류용상·배기정
발행인	박정식
기획	신선호
편집장	장혜정
도서편집	박미현
디자인	고지연
출판행정	김가은
경영기획	김세희
인사행정	유빈
재무회계	곽순석 김세아
캐릭터	김세원
발행처	한국외국어대학교 지식출판콘텐츠원 02450 서울특별시 동대문구 이문로 107 전화 02)2173-2493~7 FAX 02)2173-3363 홈페이지 http://press.hufs.ac.kr 전자우편 press@hufs.ac.kr 출판등록 제6-6호(1969. 4. 30)
디자인·편집	(주)이환디앤비 02)2254-4301
인쇄·제본	(주)케이프린텍 02)2272-1084

ISBN 979-11-5901-060-6 14750 정가 20,000원
ISBN 978-89-7464-686-8 (세트)

HUINE은 한국외국어대학교 지식출판콘텐츠원의 어학도서, 사회과학도서, 지역학 도서 Sub Brand이다. 한국외대의 영문명인 HUFS, 현명한 국제전문가 양성(International +Intelligent)의 의미를 담고 있으며, 휴인(携引)의 뜻인 '이끌다, 끌고 나가다'라는 의미처럼 출판계를 이끄는 리더로서, 혁신의 이미지를 담고 있다.

이 책의 음원(mp3)은 한국외국어대학교 지식출판콘텐츠원 홈페이지(press.hufs.ac.kr) -게시판 - 자료실에서 다운받아 사용하시기 바랍니다.